JN430226

전통 민속연·새로운 모양의 연까지 만들 수 있는

연 만들기 교실

유 재 혁 저

교 학 사

여러 가지 종류의 연

우리 나라 연

'94년 서울 국제 연날리기 대회장 본부 모습

액막이연(유재혁 작)

희자연(유재혁 작)

문자연(유재혁 작)

학연(유재혁 작)

지네발연(유재혁 작)

용머리연(유재혁 작)

나비연(유재혁 작)

거북연(유재혁 작)

붕어연(유재혁 작)

투계연(유재혁 작)

행복연(유재혁 작)

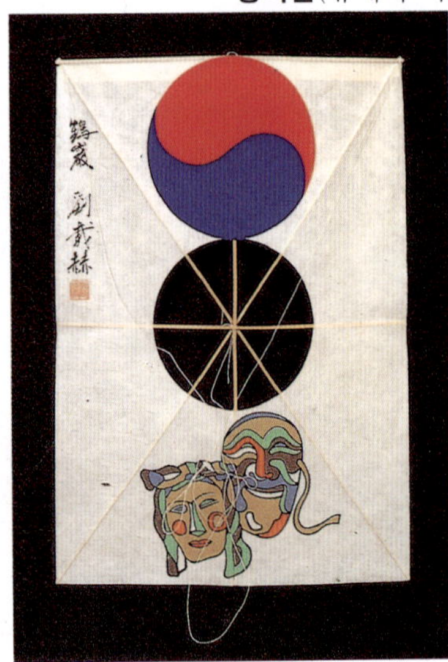
탈연(유재혁 작)

나비연(노성규 작)

귀머리빗살연(우상욱 작)

사동치마연(노유상 작)

귀머리장군연(이점용 작)

삼동치마머리연(이점용 작)

눈깔귀머리장군긴코박이연(이점용 작)

구리인봉연(이점용 작)

눈깔허리동이연(이점용 작)

오색연(이점용 작)

치마고리연(김여생 작)

고리연(김여생 작)

중머리연(김여생 작)

돌쪽바지게연(김여생 작)

긴고리연(김여생 작)

수리당가리연(김여생 작)

돌쪽바지게연(작가 미상)

제주도연

얼레(4모, 6모)

개오리연(제주도연)

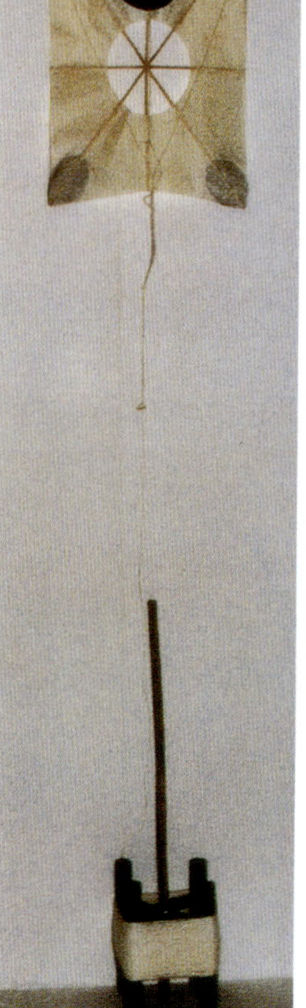

정연(제주도연)

상자연(유재혁 작)

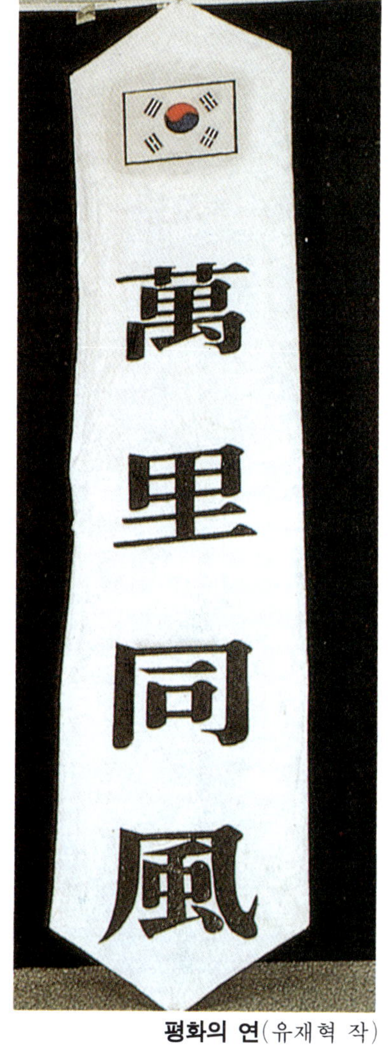

평화의 연(유재혁 작)

곡예연(서만준 작)

상자연(신건수 작)

문어 줄연(서만준 작)

인어연(김철구 작)

원기둥연(유재혁 작)

봉황새연(강범구 작)

한반도연(유재혁 작)

용연(유재혁 작)

낙하산연(유재혁 작)

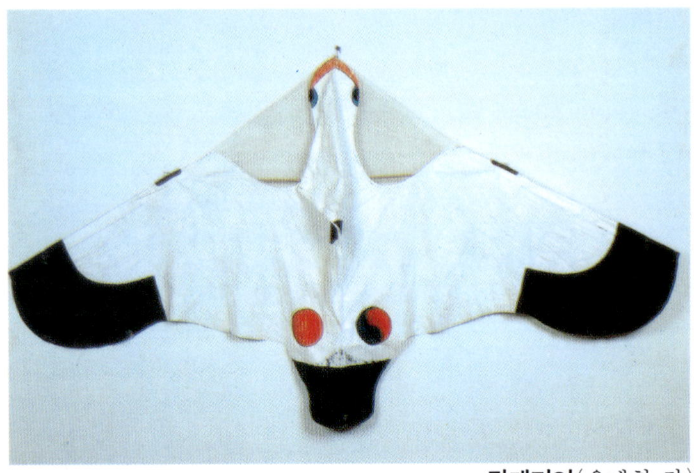
갈매기연(유재혁 작)

태극연(유재혁 작)

색동 어린이연(오부석 작)

호돌이연(유재혁 작)

환경보호연(유재혁 작)

환경보호연(유재혁 작)

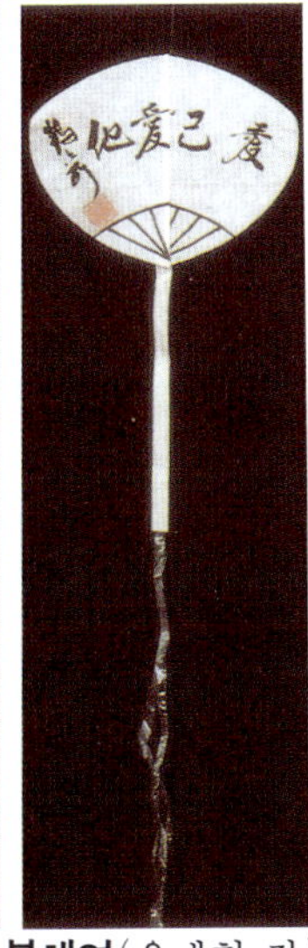
부채연(유재혁 작)

쌍용 세모연

남대문연(홍영한 작)

부엉이연(유대형 작)

일본연

고세키 아키라편

색채의 나라연

거북선연

꿈돌이연

매미연

잠자리연

거미줄연

솔개연

문어연

박쥐연

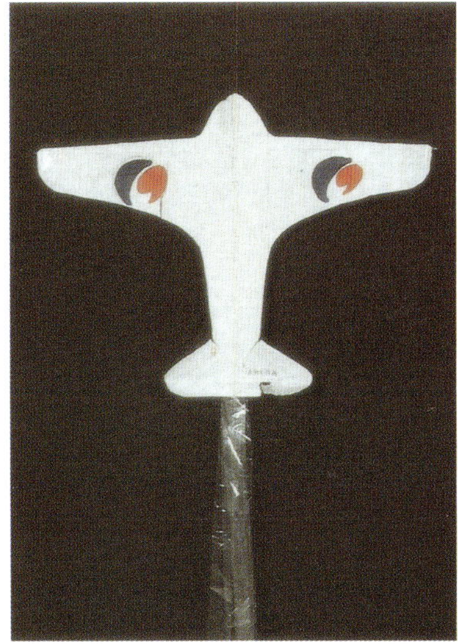
비행기연

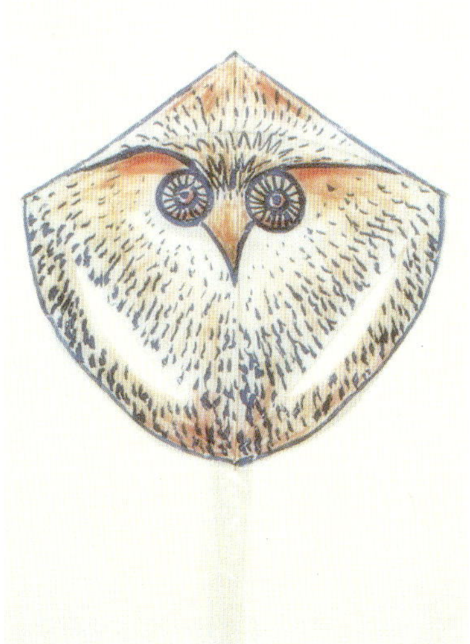
부엉이연

부채연

팬더연

배연

도깨비연

꽃게연

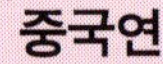

중국연

솔개연

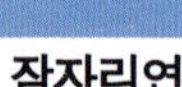

잠자리연

공작연

제비연

닭연

선녀연

솔개연

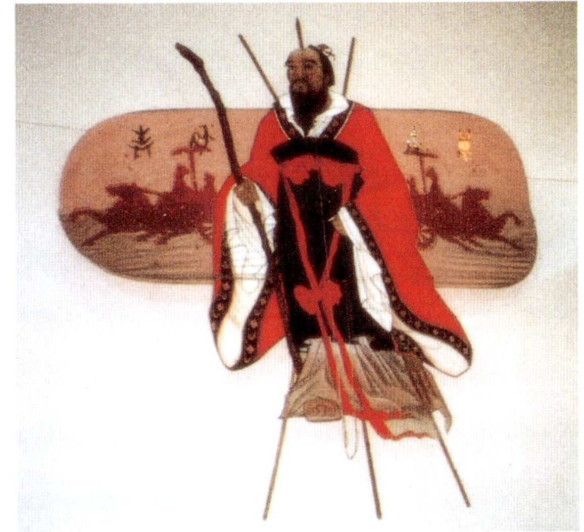

신선연

호랑이줄연

나비연

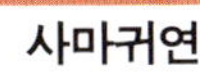

사마귀연

수성연

먼 나라 연

다이아몬드연(인도네시아－자카르타)

기이한 대형 동물연(프랑스)

미키마우스연

대형 고래연(뉴질랜드)

달연(말레이시아)

6각연(그리스)

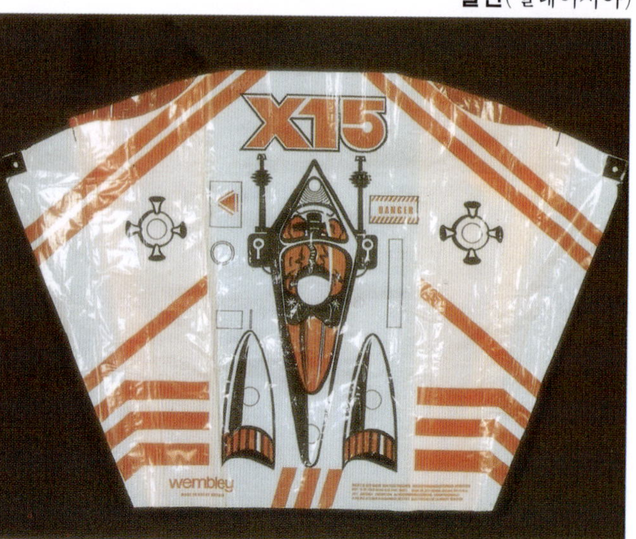

바람주머니연(영국)

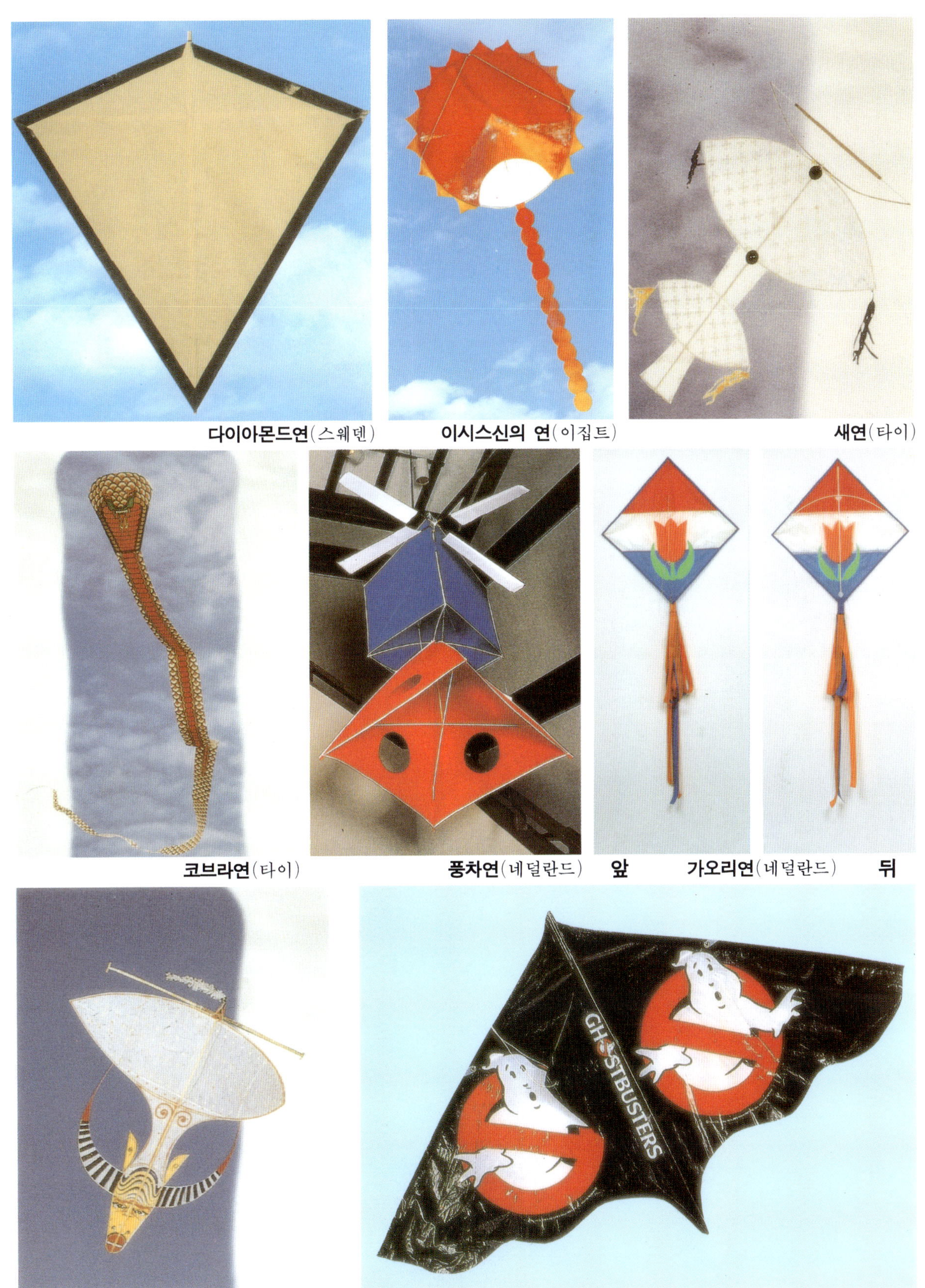

다이아몬드연(스웨덴) **이시스신의 연**(이집트) **새연**(타이)

코브라연(타이) **풍차연**(네덜란드) **앞** **가오리연**(네덜란드) **뒤**

소머리연(타이) **귀신연**(미국)

몬트리올연(캐나다)

나뭇잎연(미국－하와이)

나뭇잎연(솔로몬)

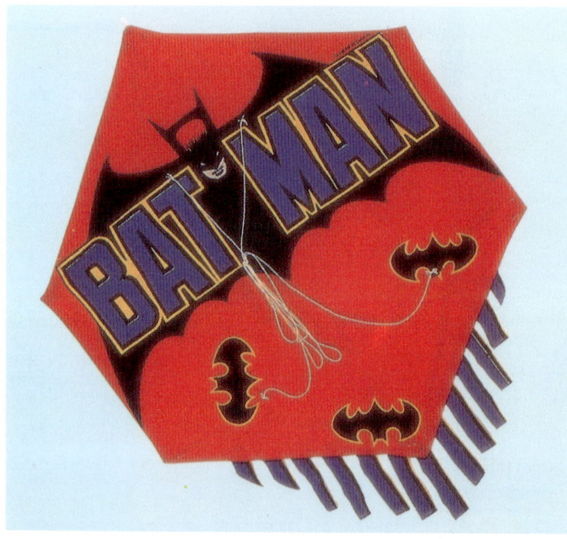

배트맨연(미국－로스앤젤레스)

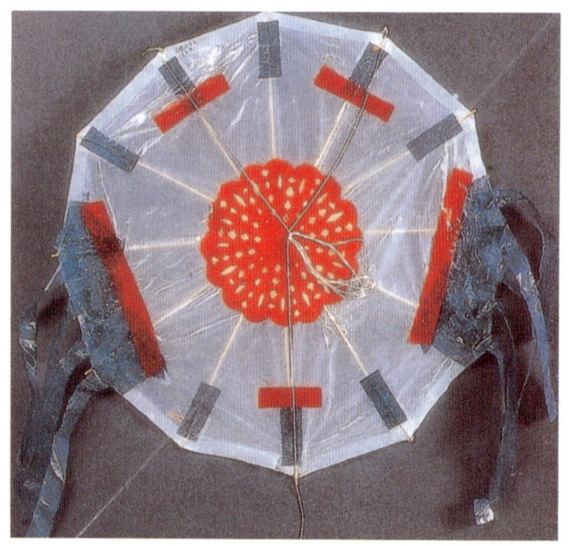

멕시칸연(멕시코)

다이아몬드연(미국)

파파카이오(브라질－리우데자네이루)

머 리 말

늦가을, 산에 올라갔더니 낙엽들이 세찬 바람에 날려 하늘 높이 올라간다. 산새들도 지저귀면서 낙엽따라 하늘 높이 날아오른다.

이런 모습을 보면서 예부터 우리 인간들 또한 하늘을 날아다니는 꿈을 꾸면서, 오랜 세월 동안 노력하고 애씀으로 그 꿈을 이루어 온 것이다. 고대 그리스의 대철학자 플라톤(Platon, B.C. 427~347)의 친구인 알투스(Altus)가 플라톤에게 연을 주었다는 기록이 있고, 삼국사기(서기 647년)에도 김유신 장군이 연에 불을 달아 월성(月城) 하늘에 올려 반군들을 평정하였다는 기록이 있으니 하늘을 날고자 하는 인간의 꿈은 이렇게나 오래된 것이다. 이 꿈이 지금으로부터 100여 년 전에는 라이트 형제로 하여금 하늘을 자유로이 날 수 있는 비행기를 생각해 내게 한 것이다.

오늘날에는 하늘을 향해 인공 위성을 발사해 전세계가 우주 탐험의 꿈에 들끓고 있지 않은가?

이런 꿈과 낭만을 쉽게 펼칠 수 있는 것이 연이므로 전세계가 다 연에 대해 관심을 가지고 있으며, 또 예부터 끊임없이 연문화가 발달, 지금까지 이어져 오고 있는 것이다.

세계 여러 나라의, 집채만한 연부터 손바닥만한 미니 연에 이르기까지 각양 각색의 연들을 보고 이러다가는 우리 나라 연이 후진성을 면키 어렵겠다고 생각되어 1995년 4월말에 우리 나라의 연과 세계의 연을 한자리에 모은 컬러 화보집(한·미·중·일 등 20여 개국. 289점-교학사 발행) "연의 세계, 세계의 연"을 제1집으로 냈다.

이 책을 본 사람들은 누구나 다 연을 만들어 하늘 높이 날리고 싶은 꿈을 가졌을 것이다. 새로운 모양의 연을 연구하고 계획하여 자기 자신의 손으로 만들어 하늘 높이 날리는 기쁨은 무엇과도 비길 수 없다. 이제 세계화의 물결에 맞춰 우리 연도 세계화해야 할 때이다.

국제화된 연, 과학화된 연, 대형화된 연을 개발하여 국제 무대에서 세계의 연과 어깨를 나란히 하여 드높은 창공에서 극치의 묘기를 펼치는 그 날이 하루 속히 오기를 바라며 연에 관심을 가진 후세들을 위하여 제2집 "연만들기 교실"을 기꺼운 마음으로 또 펴낸 것이다.

1995. 12. 1 저자 씀

축 사

서울문화사학회
회장 김 영 상

한국 민속연 교육 연구회 회장 유재혁님의 "연만들기 교실" 책자 펴내심을 충심으로 축하합니다.

연아 연아 올라라
하늘까지 올라라.
바람아 바람아 불어라
바다까지 불어라.

이렇게 뇌면서 어릴 적부터 어언 70평생을 창공 드높게 내일의 꿈을 실어 연을 띄운 그 솜씨 그 마음씨로 엮어 내는 책자이기에 더욱 소중합니다.

우리의 전통 연을 손수 만들고 직접 띄우며 국제 친선에도 참여하여 지난 '86년도에는 일본 규슈(九州)에서 열린 세계 연날리기 대회에서 호돌이연을 날린 솜씨로 우수상을 받았는가하면 '93년도에 그리스 국제 친선 연날리기 대회에서도 시범을 보이는 한편 그 동안 모은 각국의 연 1백여 개를 순회 전시하는 등 그 열성이 대단합니다. 1993년도에 수상한 서울 시민 대상 본상은 우리의 전통 민속을 계승할 수 있게 한 공로에 대한 일단의 표창이었을 뿐입니다.

"세계 여러 나라마다 여러 가지 연이 있지만 연 한가운데에 방구멍을 뚫은 연은 우리 나라의 연 뿐이라, 이 구멍이 바람 기둥을 만들어 연줄을 풀고 당기는 힘과 조화를 이루어 균형을 잡게함으로써 연이 자유 자재로 조정된다."

유재혁님의 이러한 설명 속에 우리 나라 연에 대한 자랑과 긍지가 담뿍 담겨 있음을 알 수 있습니다.

그러기에 일찍부터 우리 나라에서는 상대방의 연줄을 베어 먹는 연싸움 놀이가 있었습니다. 냉재(冷齋) 유득공(柳得恭, 1748～?)의 경도잡지(京都雜志)에도

"해마다 정월 보름 전 2,3일이면 수표교를 중심으로 개천(開川=청계천) 아래위로 연싸움을 구경하려는 사람들로 꽉 메어진다. 연싸움을 하다가 실이 끊겨 날아가는 연을 쫓아가느라 어린 아이들이 남의 집 담도 넘고 지붕에까지 올라가는 통에 사람들이 놀라며 위태로워 한다. 대보름이 지난 뒤에는 연을 띄우지 않는데 어린 아이들은 명주실에 보드라운 거위(鵝鳥)의 털을 매어 가지고 바람 부는 방향으로 날리면서 '고고매(高高妹) 고고매'한다. 고고매란 봉황새를 일컫는 몽고말인 것이다."

라고 쓰여 있습니다.

유재혁님의 "연만들기 교실" 출판을 계기로 연띄우기가 겨울철 전통 놀이로 활짝 다시 피어났으면 하는 마음 간절합니다.

차 례

1. 여러 나라 연의 유래(由來)

(1) 우리 나라 연의 유래

연은 한자로 솔개 연(鳶)자를 쓴다. 솔개는 매과에 속하는 새로서, 이 새는 공중을 날개를 편채 빙빙 돌면서 들쥐, 개구리, 물고기, 조개류 따위를 잡아 먹고 산다.

연의 옛 이름에는 풍쟁(風箏) 또는 쟁(錚), 궤(凧) 등이 있었으나 삼국사기에는 풍연(風鳶)이라 기록되어 있고 고려사와 조선조의 여러 문헌에는 지연(紙鳶)이라 기록되어 있다.

여기서 풍연(風鳶)이라고 쓴 것은 바람을 타고 나는 연일 것이고 지연(紙鳶)은 종이로 만든 연이라는 뜻에서 붙여진 것이다. 중국에서는 풍쟁(風箏)이라고 쓰고 있으며 일본은 다코(凧)라고 부르고 있다.

연날리기는 우리 나라 대표적인 겨울철 민속 놀이 중의 하나다. 가을 일이 끝나고 서릿발이 내리기 시작할 무렵이면 농촌의 소년들은 연을 만들어 하늘 높이 띄운다. 경기 이북 지방에서 보통 늦가을부터, 경기 이남에서는 이보다 늦게 선달에 연날리기를 시작하는 것이 관례였다. 그러나 본격적으로 연을 날리는 시기는 음력 정초부터 보름까지였다.

소년들은 보름이 되면 자기의 생년월일시를 써서 하늘 높이 날린 다음 연줄을 끊어 바람을 타고 한없이 날아가게 하는 경우가 많았다. 이렇게 하면 그 해에 자기에게 다가올 액운이 연을 타고 날아가 버림으로써 액없이 무병하고 행복한 1년을 보낼 수 있다고 해서 이것을 송액(送厄) 또는 액막이연이라고 불렀다.

삼국사기(三國史記) 41권 열전 김유신조에 다음과 같이 기록되어 있다. 선덕여왕(善德女王) 16년 정미(丁未)는 선덕여왕(善德女王) 말년(末年)이요 진덕여왕(眞德女王) 원년(元年)이었다.

대신 비담(大臣 毗曇)과 염종(廉宗)이 "여왕(女王)은 정사를 잘하지 못한다." 하고 군사를 일으켜 폐(廢)하려 하니 왕이 안(宮內)에서 막아내자 비담 등은 명활성(現 경주시 보문동 명활산에 있음)에 주둔하고, 관군(官軍)은 월성(月城 : 半月城)에 진을 쳐서 공방이 10여일이었지만 풀리지 않았다. 한밤중에 큰 별이 월성에 떨어졌다. 비담 등이 군사들에게 이르기를

"내가 들으니 별이 떨어진 아래에는 반드시 유혈이 있다고 한다. 이것은 아마 여왕이 패전할 조짐이다."라고 하였다.

군사들의 떠들어대는 소리가 땅을 진동하매 왕은 듣고 무서워서 어쩔 줄을 몰랐다. 김유신이 왕을 뵙고 말하기를

"길흉(吉凶)은 무상하여 오직 사람이 하기에 따르는 것입니다. 그러므로 주왕(紂王 : 殷나라 말의 폭군)은 붉은 새가 모임으로 해서 망하고, 노(魯)나라는 기린(麒麟 : 옛부터 전하는 상상의 짐승으로 나라에 좋은 징조가 있을 때 나타난다고 전한다)을 잡음으로 해서 쇠약해졌으며, 당나라(唐) 고종(高宗) 황제는 꿩이 날아와서 울었기 때문에 일어나고, 정공(鄭公 : 중국 전국 시대 임금)은 용(龍)이 싸움으로 해서 힘차게 발전할 수 있었다고 합니다. 그러므로 덕이 요망스러운 것을 이겨내는 것을 알 수 있으니 별의 이변을 두려워할 까닭이 없습니다. 바라옵건데 왕은 근심하지 마소서."

하고 이에 허수아비를 만들어 불을 붙인 뒤 연(風鳶)에 매달아 하늘로 올라가는 것같이 하였다. 이튿날 사람을 시켜 길거리에 말을 퍼뜨리기를

"어젯밤에 떨어진 별이 도로 올라갔다."

고 하여, 반군들이 의심하게 하였다. 또 흰말(白馬)를 잡아 떨어진 곳에 제사드리며 축원하기를

"천도(天道)에는 양(陽)이 강하고 음(陰)이 유하며 인도(人道)에는 인군이 높고 신하가 낮습니다. 혹시라도 그것이 바뀌면 곧

큰 난이 되는 것입니다. 지금 비담 등이 신하로서 인군을 도모하며 아래서 위를 범하니, 이것은 이른바 난신적자(亂臣賊子)로서 사람과 신령이 함께 미워할 일이요, 하늘과 땅 사이에 용납되지 못할 것입니다. 하늘이 만일 여기에 무심하여 도리어 별의 괴변을 왕성(王城)에 보인 것이라면 이는 신의 의혹하는 바 비할 데 없습니다. 하늘의 위엄으로 사람의 소행에 따라 선을 선으로 하고, 악을 악으로 하여 신령의 부끄러움이 없게 하소서."

하였다. 그리고 여러 장졸들을 독려하여 싸우니 비담 등이 패주하매 쫓아가 목을 베고 구족(九族)을 멸하였다.

이 기록을 보면 우리 나라에서는 신라 제 27대 왕인 선덕여왕(善德女王) 16년이자 진덕여왕(眞德女王) 원년(元年, A.D. 647년)에 이미 연이 있었음을 알 수가 있고 동시에 최초에는 군사적으로 활용되었음을 말해 주고 있다.

그런데 이 연날리기가 군사적으로 활용되었다는 사례는 전설로도 전해지고 있어서 매우 흥미롭다.

조선 시대 중종(1847년) 때에 홍석모가 펴낸 '동국세시기(東國歲時記)'에 고려 시대 말엽의 명장으로 그 이름이 널리 알려진 최영(崔瑩) 장군의 일화가 있다.

최영 장군이 탐라(眈羅 : 지금의 제주도)에서 목호(牧胡 : 목축을 하던 몽고인들)의 반란을 정벌할 때 장군이 군대를 배에 싣고 탐라에 이르니 섬의 사방이 절벽이어서 도저히 상륙할 수가 없어서 할 수 없이 꾀를 내어 사람을 태울만한 큰 연을 만들게 하여 군사를 연에 매달아 적의 성안으로 날려보내 공략했다는 이야기도 있다.

또 섬 주위에 가시덤불이 무성하여 병사가 진군할 수가 없어서 최영 장군은 연 밑에 갈대씨를 담은 주머니를 달아 그 연을 높이 띄워 섬 주변 가시밭에 그 씨 주머니를 떨어뜨렸다. 그 해 가을에 섬 주위는 마른 갈대로 뒤덮였으므로 여기에 불을 질러 가시밭을 태워 마침내 상륙하여 섬을 점령하게 되었다고 한다.

그리고 충무공 이순신(李舜臣) 장군은 임진왜란 때 연을 이용하여 섬과 섬사이, 섬과 육지를 연락하는 통신 수단으로 사용하였고 또 작전 지시의 방편으로도 이용하였다. 지금도 경남의 통영 지방에서는 통영 전통 비연, 충무 지방에서는 전통 충무 비연(傳統忠武飛鳶)이라고 해서 방패연에 여러 가지 문양을 그려서 '이충무공 전술 신호연(李忠武公戰術信號鳶)'을 지금도 긍지를 갖고 날리고 있다(참고 : '연의 세계 세계의 연' 화보, 1995년 교학사 간, 지은이 유재혁 35쪽 수록).

우리 민속 놀이로 연날리기가 일반인들에게 널리 유행하게 된 것은 조선 시대 후기 영조(英祖 : 재위 1724~1776) 임금 무렵(1724년) 일 것으로, 음력 정월 보름날이 되면 서울의 광교(廣橋)와 수표교(水標橋) 일대에서 연날리기 시합이 벌어졌다고 하며 이 잔치에는 각 지방에서 올라온 선비들이(연꾼) 각자의 재주와 기량을 한껏 겨루었으며 지방에서도 마을마다 연날리기 광경을 흔히 볼 수 있게 되었다고 전한다.

이 때 영조 임금께서는 연날리기를 즐겨 구경하셨고 또 장려하였다고 한다.

해방 후에는 이승만 초대 대통령이 연을 좋아해 1956년에는 이대통령과 백상 장기영(한국 일보 설립자), 노유상 등이 설 때면 수표교에서 날렸으며 그 유덕을 기리기 위해 백상배 전국 연날리기 대회(1966년)를 30여 년간 계속하고 있다. 이제는 부산에서도(1970년) 전국 및 국제 친선 비연 대회를 비롯하여 관광 공사에서도(1992년) 국제 연날리기 대회를 하면서 전국적인 민속놀이로서 확산되고 있다.

(2) 중국 연의 유래

중국 산둥성의 중심부에 있는 웨이팡(濰坊) 지역은 제조업과 수공업 특히, 연제작이 발달한 지역으로 중국 내외에 잘 알려져 있다. 이곳은 1984년 4월 1~5일간 국제 연날리기 대회가 열렸던 곳이기도 하다. 웨이팡 연의 유래를 알아보기 위해서는 과거를 한번 더듬어 볼 필요가 있다.

연이란 중국의 북부 지방에서는 '지연(紙鳶)'(종이 연)이라 불렸고, 양쯔 강 이남 지역에서는 연자(鳶子)라고 불렸다. 그 이름은 오대 왕조 시대(A.D. 907－960)에 '평쩡(風箏)'이라고 바뀌어 불리게 되었고, 그 이후 죽 그렇게 불리어 오고 있다. 명나라의 '랑잉(郎珠)'이 쓴 '순추루'란 책에 의하면, '리예(李鄴)'라는 보조 지방의 현감이 종이로 만든 연을 당나라의 중종 황제 시절에 궁정의 뒷마당에서 날렸다는 기록이 있다. 연의 윗 부분에 대나무 피리를 달아서, 연을 날릴 때 '쩡－'하는 소리가 언제나 났다고 한다. 그래서 연을 가리키는 중국말 '風箏'이란 말은 여기서 나왔다.

중국 역사의 기록에 의하면, 중국 최초의 연은 약 2500년 전인 춘추 시대에 산둥 지방에서 처음 날렸다고 한다. 또 전설에 의하면, 노나라(지금의 산둥 지방)에 사는 '공수반'(公輸般)이라는 사람이 하늘에 날고 있는 매를 보고 영감을 받아, 대나무로 까치 모양을 만들어 하늘에 날렸는데, 그것은 무려 3일간이나 하늘에 떠 있었다고 한다. 그 후 노반(魯般)과 같은 시기에 살았던 묵자(墨子)라는 사람은 나무를 깎아 매 모양을 만들어서 루 산에서 날렸다고 한다. 한비자(韓非子)라는 책에 기록되어 있기를 '모디'는 3년에 걸쳐 나무로 독수리를 만들어 하늘에 날렸는데, 하루 동안 날다가 땅에 떨어졌다고 한다. 초창기에 중국의 연은 주로 정찰이나 통신의 수단으로 사용되었다.

독이지(独异志)라는 책에 의하면, 양나라 황제는(A.D. 549년) 난징(南京)의 타이쳉(台城)에서 후징(Hou Jing)에게 포위를 당했는데,, 이 때 지안 뉘(Jian Nu))라는 사람이 꾀를 내어, 연 속에 황제의 명령을 담아 날려보내 구원을 청하는 계획을 세웠으나, 연이 하늘에 뜨자 상대편 병사들의 화살에 격추당해서, 그 계획이 수포로 돌아갔다는 이야기도 있다.

또한, 명나라의 왕구의(Wang Kui)가 쓴 '리 하이 지(蠡海集)'라는 책에는 바람의 방향과 강도를 가늠하기 위해서 연을 사용했다는 사실이 적혀 있다. 연을 이용하여 기후에 대한 정보를 얻으려고 했던 여러 가지의 노력을 했던 예는 문헌상으로 수없이 발견되고 있다.

참조 : 潍坊風箏 孫立栄著 北京文物玄版社 刊

(3) 중국(타이완)에서 본 연의 유래

연은 물체를 끈에 묶은 후 바람의 힘을 이용하여 하늘에 날리는 것으로, 초창기부터 지금까지 별 변화는 없었다. 연의 구조, 소재, 도안 등의 변화는 지역성과 역사성을 반영하는데 연의 기원은, 옛날 중국에 한 농부가 살고 있었는데, 삿갓에 끈을 묶다가 바람에 날려 하늘에 떠다니게 된 데서 유래되었다는 설도 있다. 또 하나는 어떤 사람이 거미줄에 낙엽이 붙어 있다가 바람에 날려 떠다니는 것을 보고 개발했다는 설도 있다.

한(漢)나라의 개국 공신 한신(韓信)이 초(楚)나라와 전쟁을 할 때에 초패왕(楚覇王) 항우(項羽) 진영을 포위하여 압박을 가하기 위해 거대한 연을 수도 없이 많이 만들어서, 그 연들 위에 대나무 피리와 활을 달아서 야음을 틈타 초군 진영으로 날려 기괴한 소리가 나게 하였다. 이 때 사방의 한나라 병사들이 큰 소리로 초나라의 노래를 불러 이 두 소리가 깊은 밤의 정적을 깨뜨리며 울려 퍼져, 사방이 초나라의 노래로 진동하였다. 이 소리는 초나라 병사들의 고향에 대한 그리움을 자극하여, 초군의 사기를 와해시키고, 사방으로 달아나게 하여 한나라는 빛나는 승리를 쟁취하였다고 한다.

역사상, 연은 통신이나 구조 요청 등의 역할을 하였다. 양무제(梁武帝) 때에 그는 일성(壹城)을 지키다가 편지를 종이연에 붙여 하늘로 날려 위급함을 밖에 알렸다는 기록이 있다. 그러나, 역사서에 기록된 바에 의하면, 이 연은 이내 하늘에서 떨어져 구조 요청은 실패로 끝나고, 마침내 일성은 함락되고, 양무제는 아사하였으며, 단지 연에 대한 이러한 고사만 남기고 있다. 당시의 연은 목판이나 천으로 만들어졌으나, 동한(東漢)의 화제(和帝) 때에 채윤(蔡倫)이 종이 제조법을 발명(A.D. 105년)한 이후에는 종이로 만든 연이 등장하게 되었다.

한고조(漢高祖) 유방(劉邦)이 대만 정부 수립 2130년 전(서기전 206년)에 즉위하였으니, 연이 초한(楚漢) 전쟁 시대에 발명되었다고 해도 이미 현재까지 2201년의 역사를 갖는 셈이 된다.

60여 년 전에는 연을 날리는 것이 농한기의 오락이었다. 당시에는 연날리는 사람이 많았고, 연 싸움도 성행하여 진쪽에서 야유회를 열어 마을 사람들 모두가 즐겼다. 나중에는 마을 대항 시합으로 발전하여 진 쪽이 돈을 추렴하여 공연단을 불러들여 이긴 쪽 마을에서 공연을 벌이기도 하였다. 마을의 명예를 걸고 사람들은 전력을 다해 견고한 연을 설계하였고, 고도의 연날리기 기술을 연구하여 상대방을 이기려 하였으니 이러한 연의 성행이 60년 전의 농촌 모습이었다. 대일 항쟁 기간에는 일본인이 연을 금지하였으나 광복 후에는 사람들이 연날리기 기억을 되살리게 되었다. 그 때에는 먹고 살기가 바빴고 장소도 줄어드는 상황이어서 어쩌다 몇 개의 연을 날리는 정도였다.

나중에는 사(謝) 타이완 주석이 이 전통 민속 활동의 계승을 주창하여 직접 연을 날리기도 하여 이 풍습이 되살아났다. '타이완에는 9월 9일에 하늘에 연이 가득 찬다'라는 말이 있다. 연날리기는 사람들로 하여금 어렸을 때의 추억을 떠올리게 하며 대자연의 멋을 느끼게 한다. 특히 자신이 직접 만든 연이 하늘을 마음껏 떠도는 것을 보면 창작의 만족감을 느끼게 되는데, 이는 노소가 함께 즐길 수 있는 운동이자 역사적 의의가 있는 민속 놀이이다. 놀이 중에 운동이 내포되어 있으니 사람들로 하여금 빠져들게 하여 영원히 사라지지 않을 것이다.

우리가 보통 연이라고 부르는 것은 지연(紙鳶)을 말한다. 고서에 수록된 바에 의하면, 오대 때 이정(李鄭)이 궁중에서 종이연(紙鳶)을 만들어 날리며 놀았다. 나중에 연의 머리에 대나무 피리를 만들어 달아 바람이 대나무 안에 들어가면 소리가 쟁울림 같아 이름이 '풍쟁(風箏)'이 되었다. 따라서, 좀 엄격히 말하면, 소리가 나는 것은 '풍쟁'이고, 소리가 없는 것은 단지 '종이연'이라고 부를 수 있을 것이다. 그러나, 지금에는 소리가 나지 않는 것도 '풍쟁'이라고 통칭되고 있다.

연은 아마 당나라 때 오락의 일종으로 생겨난 것으로 보인다. A.D. 713년 당나라의 순종(본명 리룽지(李隆基))은 산둥의 펭라이 궁이춘 뜰에서 연을 날려 놓고 바라보곤 했다고 전해진다. 순종이 보았던 연의 무늬는 '바다를 건너는 팔장생(八長生)'이었다고 한다. '수안 해 펭 쟁 푸'(Xuan He Feng Zhang Pu)라는 책에서도 비슷한 사례를 적고 있는데, 중국의 황제나 귀족들은 연을 날려 놓고 바라보기를 즐겨했다고 한다. 자연히 연은 궁정내에서 인기를 얻게 되었고, 일반인들에게도 인기를 얻게 되었다. 시인, 문필가, 화가 등은 연에 대한 시를 쓰거나, 글을 쓰고, 그림을 그리는 일이 자주 있게 되었다.

참조 風箏, 民俗藝術專輯(四), "台彎" 台北市政府 教育局 刊

(4) 일본 연의 유래

일본에서 발행한 "연-하늘의 조형(凧-空の造形)"에 다음과 같이 기술되어 있다.

비전풍토기(肥前風土記. 서기 713년)와 일본서기(日本書記-서기 720년)에는 연과 비슷한 문장이 있으나 확실하지 않고, 정설(定說)로는 화명류취초(和名類聚抄-서기 930년)의 헤이안 시대(平安時代) 기록을 보면 지로치(紙老鴟) 또는 지연(紙鳶)이라는 용어가 나오는데, 이는 중국이나 한국에서와 같이 연의 이름으로 쓰던 것으로 보아 중국에서 한국(서기 647년)으로, 한국에서 일본(서기 930년)으로 전래한 것으로 추측이 된다(그러나 일본에서는 중국으로부터 직접 전래한 것으로 기록 되어 있다.).

일본에서는 에도 시대(江戶時代 1603~1867년)가 전성기였는데 지방의 특색을 전통적으로 살려 모양도 각양 각색이다. 처음에는 사무라이(武士)를 상징한 그림을 그려서 날리는 것이 오늘날까지의 전통연이었다. 점차 지방의 서민 중에서 출중한 공신을 추앙하는 뜻에서 연에 그들의 그림을 그려서 날리기도 한다.

그리고 단오절인 5월 5일이나 집안의 어린이 생일날에 건강을 축복하기 위하여 생년월일을 연에 써서 날릴 때와, 입신 출세(立身出世)를 기원할 때에도 연을 만들어 가족 동반해서 날렸다고 한 것이 우리 나라와 비슷하다.

연의 크기는 작게는 명함만한 것부터 큰 것은 집채만한 것도 있다.

일본 연회(日本の凧の會)라는 단체가 전국을 통괄하며 각 현(우리 나라의 도에 해당)마다 지부가 있고 지부마다 지방 특유의 명칭을 가지고 있다. 각 지방에서 향토 문화 축제가 벌어지면 각 현에서 연꾼들이 몰려들어 대동단결을 과시하고 그 지방의 특색연을 교환하기도 하면서 축하해 준다.

또 우리 나라와 다른 연싸움이 벌어지기도 한다. 대형연에 여러 사람이 매달려 상대방 연과 단체전 비슷하게(합전 : 合戰) 연과 줄이 뒤엉켜 공중에서 싸우며 즐겁게 단체놀이를 한다. 물론 땅에 떨어진 연이 패자가 된다. 그리고 일본은 상설 연 전시관을 각 현마다 두어 후세들에게 전시하고 있다.

〔연날리기 대회 판화-1901년〕

일반적으로 일본연의 종류에는 바람주머니연(風袋凧)이 있고, 소데 다코(袖凧)라 해서 저고리와 비슷하게 생겼으며 양소매가 있고 전면에 인물이나 그림이 그려져 있다. 야코다코(奴凧)라고도 하는데 에도 시대의 무가(武家)의 하인이 팔을 벌린 모습을 본떠서 만든 것이다.

또 각연(角이 진 연)도 많이 볼 수 있다. 직사각형의 연 표면에 각양 각색의 그림을 그려서 만들고, 활벌이줄에 종이를 붙여서 날 때에는 '왱' 소리가 들려온다. 그 외에 다각형연(多角形)이 있다. 5각, 6각, 8각형 등이 있으며 표면에 다양한 그림이 그려져 있고, 그 외에 세공(細工), 원형(円形), 동물, 곤충, 어린이연 등 재미있는 미니 연도 이 나라의 특색있는 연이다.

지금 일본에서는 연을 생산하는 대공장이 87개소나 있어 각국에 수출하는 정도이니 가히 어느 정도인지 짐작이 간다.

(5) 기타(동서의 연 일화)

○ 그리스

문헌상으로 세계에서 가장 오래된 연의 이야기는 B.C. 400년대에 그리스의 알투스가(Altus) 연을 만들었다는 기록이 있고 지금도 부활절 40일전 첫 월요일에는 아테네의 전 시민이 철시하여 약 50만 명이 아크로폴리스 바로 밑 빌로파스 언덕에서 6각연(신의 연이라고도 부름)을 올려 하늘에 온통 6각연으로 뒤덮는다(1992. 3.1에 필자가 참가).

○ 미 국

18세기의 미국 과학자인 벤자민 프랭클린(Benjamin Franklin, 1706~1790)이 연을 띄워서 번개는 전기 방전임을 알게 되었고 또한 그 연구에 의하여 피뢰침(避雷針)을 처음으로 발명하였다.

오늘의 비행기가 생길 수 있었던 계기를 마련해 준 라이트 형제도 어린 시절에 연을 만들었다고 한다. 그 곳에서는 매년 3월에 들판에서 연날리기 대회를 열었는데 이 때 라이트 형제는 그 대회에 나가기 위해 네모연과 가오리연을 만들어서 출전한 결과 1등을 하였다는 것이다.

○ **인도네시아**

남방계의 인도네시아 원주민들은 열대 식물의 잎(바나나 등) 중심대 위아래에 가느다란 덩굴끈을 매어 여기에 가짜 낚시밥을 거미줄로 싸서 매달아 노젓는 배를 타고 수면 위를 스쳐가면서 고기를 낚는다는 것이다. 이것을 고기잡는 연이라고도 한다. (1994. 7월에 국제대회에 참가)

○ **영 국**

천문 학자인 알렉산더 윌슨(Alexander Willson, 1749년)은 연에 온도계를 매달아 상층부의 기온을 측정하고 기상 관측에 큰 공헌을 하였다. 바람이 있을 때에는 기구보다는 연을 이용해서 하는 것이 더 좋았다.

○ **영 국**

조지 켈리(George Kelly, 1809~?)가 10년에 걸쳐 '공중 항공'에 관한 논문에서 연이 뜰 때의 경사진 면에 바람이 작용하면 중량(重量)을 받쳐주면서 양력(揚力)이 발생한다는 것을 발표해서 이 원리를 발전시켜 글라이더의 모형을 처음으로 만들게 되었다. 그래서 초기의 비행기는 연식(鳶式) 비행기라고도 불렀다.

○ **일 본**

고세키 아키라(小関章)의 창작연은 세계적으로 유명하고 작품의 소재가 무궁 무진하다. 연을 날리면서 그 연줄에 카메라를 매달아 올리면 공중에서 자동으로 지상에 있는 사람을 촬영하는 방법과, 탈(假面)과 비슷하게 만든 연에 두 줄로 조종하도록 하여 공중에서 한쪽 면이 웃는 얼굴이 나오는가 하면, 다시 조종하여 그 반대로 화가 잔뜩난 얼굴이 나와서 지상에서 보는 이로 하여금 한바탕 폭소하는 진풍경이 벌어진다. 이 작품을 부산시 연보존회 주관 연날리기 대회에서 발표(1995. 2. 14 부산 해운대)하여 최우수상을 받았다. 그 외에 엘리베이터식 풍탄(風彈)연은 국군의 날(1992년 10월 1일) 행사에 여의도 광장에서 시범을 보여 시민들로 하여금 경탄케 했다.

연의 크기는 사방 6m 정도 되는 대형 연에 꽃가루와 인형, 장난감을 올려 공중에서 폭파하면서 주머니 속에 들어 있는 것들이 날라 꽃가루로 뒤엉켜 공중을 휘황찬란하게 했다.

○ **미 국**

스키식 연이 개발되어 전세계적으로 크게 인기를 얻고 있다.

이것은 대형 연에 부착된 멜빵을 스키어가 걸어잠겨 연을 짊어진다. 견인하는 모터보트에 의하여 수상 스키어는 해상을 누비고 나가는데, 해상을 어느 정도의 속력으로 달리다가 이윽고는 하늘까지 날 수 있으니 얼마나 장쾌할까. 하늘도 날고 수상 스키도 즐기고.

〔수상 스키식 연〕

○ **타 이**

방콕에서는 2월~5월까지 연날리는 계절이다. 3월에는 궁정 광장(宮廷廣場)에서 3만여명이 운집한 가운데 그 해의 풍년을 기원하기 위하여 연날리기 대회가 벌어진다.

이 때에 왕도 임석하여 먼저 의식이 성대히 거행되는데 이 의식이 끝나면 태국 500년 전통 민속 연날리기 대회가 벌어진다.

남자연은 새를, 여자연은 붕어를 상징한 연을 만들어 올린다. 먼저 한 장소에서 여자연(붕어)을 일제히 올리면 그 다음 차례에 남자연(새)들이 일제히 올려진다. 이렇게 올려진 많은 연들은 일대 합전(合戰)이 벌어진다. 그야말로 새연과 붕어연이 하늘에서 전쟁이 벌어지는 듯 진풍경이 벌어진다. 이 나라에서는 이와 같이 하여 남녀간의 우의를 돈독히 한다.

2. 연의 각 부분 명칭과 종류

(1) 연의 각 부분 명칭

연을 날릴 때나 만들 때에는 각 부분의 명칭을 익혀 두는 것이 좋다.

연 전체를 세워서 윗 부분을 머리, 중심 부분은 허리, 아랫 부분은 치마라고 부른다. 그리고 양쪽 위의 모서리는 귀라고 부르며 댓살 5개 중 윗 것은 머릿살 양쪽 대각선으로 있는 것은 장살, 세로의 중심에 있는 것은 중심살, 가로로 있는 중심살은 허릿살이라고 부르고, 가운데 구멍은 방구멍이라고 부른다. 활벌이줄은 끈으로 맨 자리에 바람의 강약에 따라 더 감기도 한다.

벌이줄은 똑같은 길이로 해야지 한쪽이 짧으면 짧은쪽으로 연이 기울어진다. 가운데 줄은 없어도 되나 이것이 없으면 바람이 세면 연 전체가 바람의 저항을 받아 뒤집어진다. 그리고 꽁숫줄은 바람의 강약에 따라 조정한다.

(2) 연의 종류

우리 나라 연의 종류는 형태와 장식 무늬에 따라 다양하다. 그 대표적이라 할 수 있는 것은 한지에 댓살 5개를 붙여서 만든 직사각형의 연인데, 가운데에 바람 구멍이 있다. 이 연을 우리는 방패연이라고 부른다. 아마 옛날 전투에서 사용하던 방패와 비슷해서 이렇게 부르는지도 모른다.

그런데 이 방패연에 대한 소개가 일본에서 엮은 '世界の凧' 책 속에 소개되어 있고 일본의 고세키 아키라 씨도 한결같이 방패연에 대해서 극찬을 한다. 이 방패연의 가운데에 구멍이 있는 것은 바람이 약할 때에 연을 올리면 약한 바람이 연면으로 한데 모여 구멍으로 통과하는 에너지가 발생하여 올라가서 떨어지지 않는다. 그리고 바람이 세게 불 때에는 구멍으로 남는 바람을 내 보내 저항을 부드럽게 만든다. 강약 양용의 연이고 세계에서 보기 드문 진귀한 연이면서 과학적인 배려가 숨어 있어 우리 조상들의 지혜와 슬기로움에 감탄한다는 것이다.

이 방패연을 일본에서 아래, 위, 오른쪽, 왼쪽으로 자유 자재로 공중 묘기를 부리면 손뼉을 치면서 한국의 '방패연이 올라간다.'고

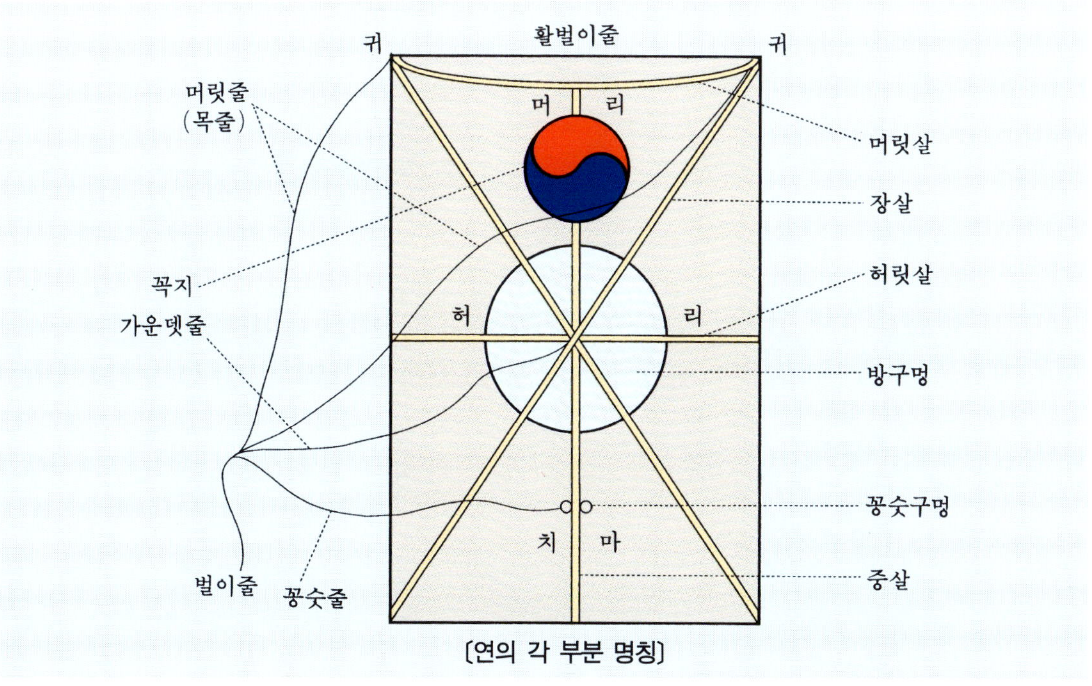

〔연의 각 부분 명칭〕

소리친다.

최상수(崔常壽) 선생이 쓴 "한국 지연의 연구"에는 우리 나라 종이연의 종류와 모양에 대해서 자세하게 설명하고 있다. 연의 종류로는 연면에 붙이는 색지의 색과 모양에 따라 분류하는 방법과 연의 외형에 따라 분류하는 방법의 두 가지가 있다.

① **연면에 장식하는 무늬에 따른 종류**

㉠ **반달연**－연의 이마에다 채색하거나 색종이로 반달 모양을 오려서 붙인 것
○ 먹반달연 ○ 청반달연 ○ 홍반달연 ○ 임반달연 ○ 쪽반달연

㉡ **꼭지연**－이마에다 둥근 꼭지를 오려 붙인 것
○ 먹꼭지연 ○ 청꼭지연 ○ 홍꼭지연 ○ 금꼭지연 ○ 별꼭지연

㉢ **동이연**－연의 머리나 허리를 동여맨 모양으로 꾸민 것
○ 먹머리동이연 ○ 청머리동이연 ○ 홍머리동이연 ○ 보라머리동이연 ○ 허리동이연

㉣ **치마연**－연 아랫 부분에 어떤 색깔을 칠하여 꾸민 것
○ 먹치마연 ○ 청치마연 ○ 홍치마연 ○ 황치마연 ○ 보라치마연 ○ 이동치마연(두 가지 색칠) ○ 삼동치마연(세 가지 색칠) ○ 사동치마연(네 가지 색칠)

㉤ **초연**－연의 전체를 같은 색으로 칠한 것
○ 먹초연 ○ 청초연 ○ 황초연 ○ 홍초연 등

㉥ **박이연**－연의 전체나 부분에 점무늬(둥근 점이나 눈깔, 긴 코 모양)가 찍힌 것
○ 돈점박이연 ○ 귀머리장군 긴코박이연 ○ 눈깔 귀머리장군연 ○ 눈깔 귀머리장군 긴코박이연

㉦ **발연**－연의 맨 아래쪽이나 좌우 가장자리에 발모양의 종이를 붙인 연
○ 사족발연 ○ 국수발연 ○ 지네발연

㉧ **기타의 연**
○ 거북선연 ○ 봉황연 ○ 용연 ○ 접시연 ○ 삼봉산연 ○ 삼봉산눈쟁이연 ○ 방상시연(옛날 악귀를 쫓는 행사 때 쓰이던 신령의 탈 모양을 연에 그려 넣은 것) ○ 편자(말굽)연 ○ 중머리연 ○ 관연(冠鳶－머리에 쓰는 감투 모양) ○ 나비연 ○ 쌍나비연 ○ 박쥐연 ○ 소딱지연 ○ 돌쩌귀연 ○ 문(門)자연 ○ 액막이연 ○ 바둑판연 ○ 구리팔괘(八卦)연 ○ 고기비늘연 ○ 쟁반연 ○ 호랑연 ○ 오색연 ○ 상주연 등이 있다.

② **연의 외형에 따른 종류**

㉠ **방패연**－방패 모양의 직4각형의 연(연의 세계 세계의 연 p.7 참조)

㉡ **가오리연**－가오리처럼 생겼고 꼬리를 붙인다(연의 세계 세계의 연 p.7 참조).

㉢ **봉황새연**－봉황새가 날아가는 모양의 연(연의 세계 세계의 연 p.7 참조)

㉣ **남대문연**－남대문 모양으로 만든 연(연의 세계 세계의 연 p.6 참조)

㉤ **인어연**－인어 모양으로 만든 연(연의 세계 세계의 연 p.8 참조)

㉥ **거북연**－거북이 기어 가는 모양으로 만든 연(연의 세계 세계의 연 p.10 참조)

㉦ **부엉이연**－부엉이 모양으로 만든 연(연의 세계 세계의 연 p.11 참조)

㉧ **까치연**－까치 모양으로 만든 연(연의 세계 세계의 연 p.12 참조)

㉨ **새연**－날아가는 새 모양으로 만든 연(연의 세계 세계의 연 p.12 참조)

㉩ **상자연**－상자 모양으로 만든 입체적인 연(연의 세계 세계의 연 p.47 참조)

㉪ **부채연**－부채 모양으로 만든 연(연의 세계 세계의 연 p.53 참조)

㉫ **갈매기연**－갈매기 모양으로 만든 연(연의 세계 세계의 연 p.54 참조)

㉬ **나비연**－날개를 편 나비 모양으로 만든 연(연의 세계 세계의 연 p.55 참조)

㉭ **박쥐연**－날개를 펴고 날아가는 박쥐 모양의 연(연의 세계 세계의 연 p.58 참조)

참조 "연의 세계 세계의 연"(1995년, 교학사 간)

3. 연날리기의 요령

(1) 연은 어떻게 해서 올라가나?

연을 만들어서 날리기 전에 '연은 어떻게 올라가는가?'를 먼저 생각해 보아야 한다. 연이 올라가려면 절대적으로 필요한 바람이 있어야 한다. 바람은 눈에 보이지 않고 피부에 별로 느껴지지 않는다. 그래서 일반적으로 바람의 흐름에 대해서 생각해 보아야 한다.

바람은 낮에는 차가운 바다에서 육지로 향해서 불기 때문에 바다를 등지고 육지를 바라보고 날려야 잘 날고〔그림 ①〕, 반대로 저녁에는 찬 육지에서 따뜻한 바다 쪽으로 불기 때문에 바다를 바라보고 올려야 잘 뜬다〔그림 ②〕.

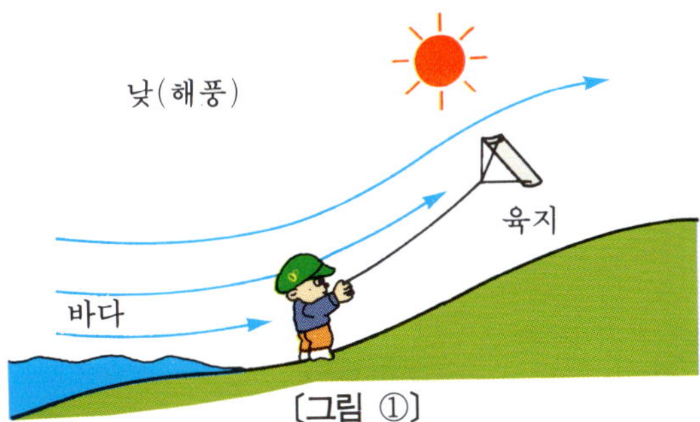

〔그림 ①〕

그러면 지면 가까이의 바람은 약해도 어느 정도까지 오르면 하늘에서 기류를 타 안정된 연오르기가 된다〔그림 ③〕. 다시 말하면 연은

〔그림 ②〕

언제나 바람이 필요하기 때문에 맞바람을 이용하여 비스듬히 날리면 올라간다. 이것은 바람 방향으로 미는 힘(저항력, 항력)과 연이 올라가려고 하는 힘(양력)이 작용하기 때문이다. 그래서 연이 바람과 수직(垂直)으로 되면 양력이 작동하지 않아 뜨지 않는다. 적당한 양력과 저항력을 받도록 벌이줄과 활벌이줄을 조정해야 한다.

〔항력과 양력〕

① 양력(상승하는 힘)
② 항력(미는 힘)
③ 연이 뜨는 힘

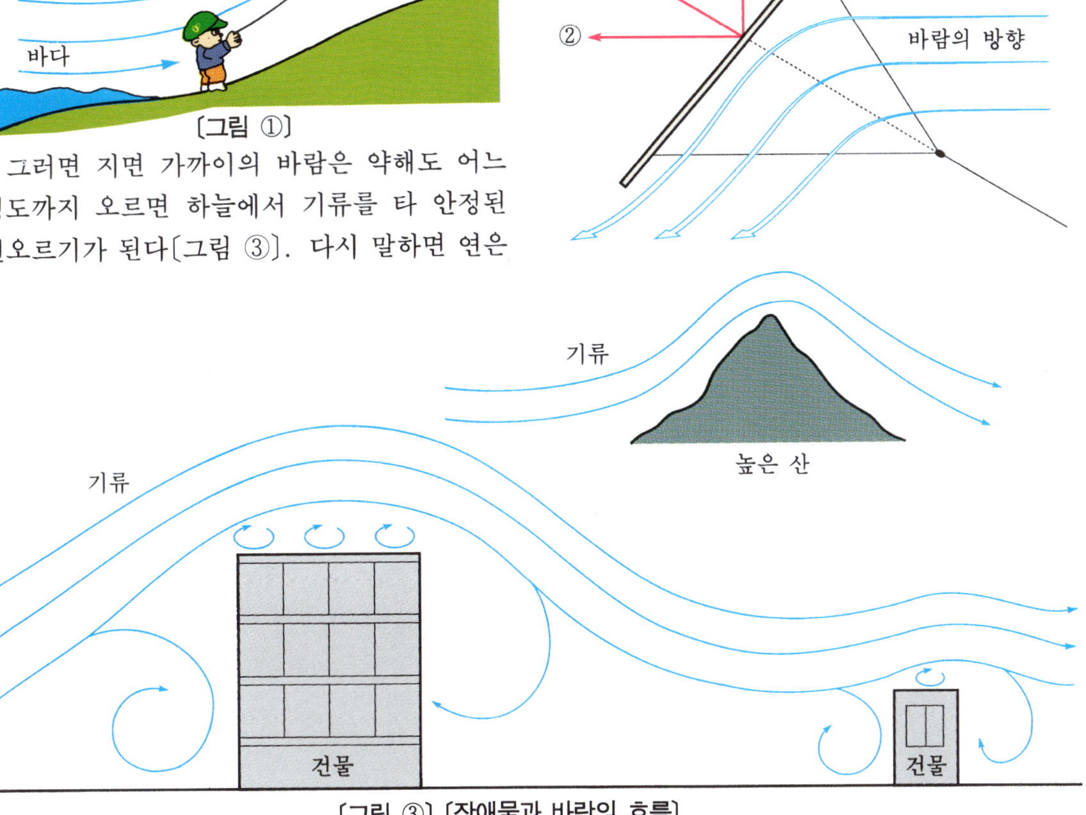

〔그림 ③〕〔장애물과 바람의 흐름〕

바람이 셀 때에는 활벌이줄을 두세 번 머릿살에 감아 연의 머릿살이 많이 휘도록 하고 반대로 바람이 약할 때에는 연의 머리면을 넓혀서 바람을 많이 받게 하기 위하여 활벌이줄을 머릿살에 한 번만 감아서 목줄의 중심이 약간 아래로 내려가게 한다. 이렇게 되면 연의 앞면에 바람을 많이 받아서 잘 올라간다.

아래의 그림을 보고 두 개의 연의 각도와 머릿살의 휨이 어느 정도인가를 확인해 주기 바란다.

〔바람이 강할 때〕

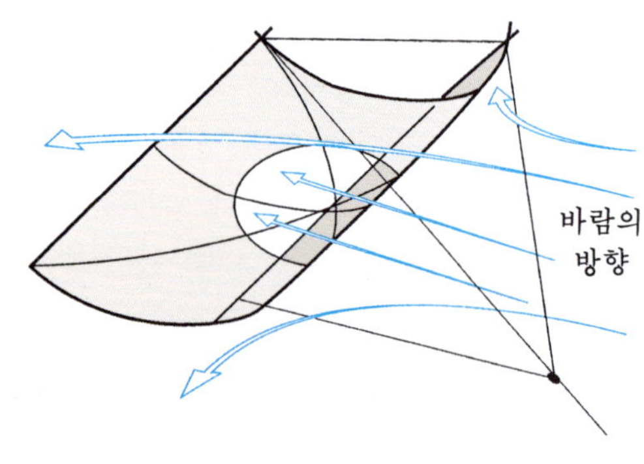

〔바람이 약할 때〕

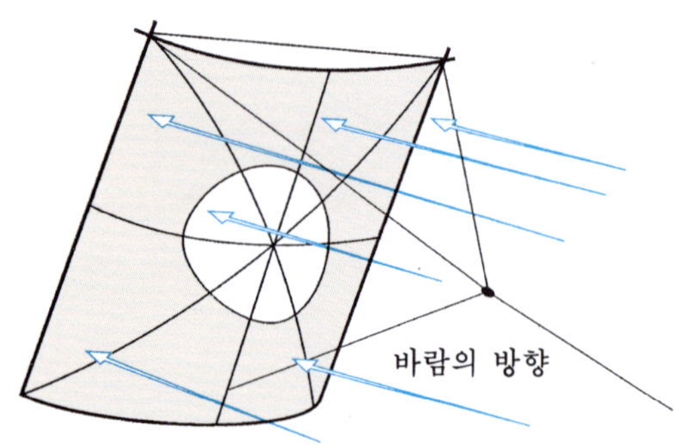

(2) 연을 올릴 때의 주의점

① 가랑비가 내릴 때라든지 낮은 구름이나 안개가 잔뜩 끼었을 때는 올리지 말 것

② 새가 날지 못할 정도의 폭풍이나 강한 바람이 불 때도 올리지 말 것

③ 해변이나 강가 그리고 야산 같은 곳은 바람의 흐름이 좋아 연날리기가 좋으나 고층 건물이나 키가 큰 나무, 전주가 있는 곳은 위험하다.

④ 도로변도 자동차 왕래가 빈번하여 위험하다.

(3) 연의 수리

연을 날리다가 갑자기 장애물에 부딛혀서 파손되었을 때에는 현장에서 긴급 수리를 하기 위하여 상비 보수품을 준비해야 한다.

(셀로판 테이프, 풀, 실, 한지 등)

(4) 연 실

연싸움을 하는 사람들은 연실에 대단히 신경을 쓴다. 상대방의 연실과 맞대어 끊어지면 끝장이 나니까 어떻게 하면 잘 끊어지지 않고 열에 강하고(연줄이 서로 마찰하기 때문임) 늘어나지 않고, 가벼운 연실을 장만하느냐에 많은 연구를 하고 있다.

연실은 예전부터 주로 상백사(常白絲 : 우리 나라의 명주실)와 당백사(唐白絲 : 중국의 명주실), 그리고 무명실을 사용했으나 요즘은 나일론실(이것은 열에 약하여 마찰하면 녹아 끊어짐)을 많이 쓰고 있으나 삼실(麻絲)보다는 열에 약하고 무겁다는 단점도 있다. 그래서 옛날에는 연실을 강하게 하기 위해서 연실에 풀을 먹이거나 부레풀(민어의 부레를 끓여서 만든 아교)과 곱게 빻은 사깃가루나 유릿가루를 혼합하여 먹인다. 이것을 사기 가미, 유리 가미라 하여 사깃가루를 입히면 연싸움을 할 때 그 서슬로 상대방의 연줄을 끊을 수 있다.

무명실도 풀을 먹이어야 한다. 오랫동안 실을 감았다 풀었다 하면 솜털이 일어나서 끊어진다. 서울 청계천 6가에 가면 풀먹인 실타래를 전문적으로 시판하고 있다.

(5) 얼 레

얼레는 연실을 감았다 풀었다 하면서 조정하는 것으로 우리 나라만이 그 성능이 외국과 다르다.

외국의 얼레는 손잡이를 잡고 있으면 실이 감겨 있는 몸체가 돌고 우리 나라의 얼레는 몸체와 손잡이가 붙어 있어 몸체도 손잡이도 같이 돌아간다.

처음에는 우리 나라의 얼레를 다루기가 거북하지만 숙달되면 오히려 우리 나라의 얼레가 수월하다. 바람이 셀 때나 약할 때에는 힘이 덜 들기 때문이다. 그래서 우리 나라의 얼레는 무거운 소재로 만든다.

얼레의 재료로는 풍압을 견딜 수 있도록 단단한 나무인 박달나무, 참나무, 대추나무, 잣나무, 흑단(黑檀 : 남방 지방에서 나오는 상록 교목으로 변재보다 심재를 주로 사용) 등이 있다.

얼레의 모양은 납작 얼래, 네모 얼레, 6모 얼레, 8모 얼레 등이 있는데 납작 얼레보다 8모 얼레가 더 편리하다.

〔8모 · 6모 · 4모 얼레〕

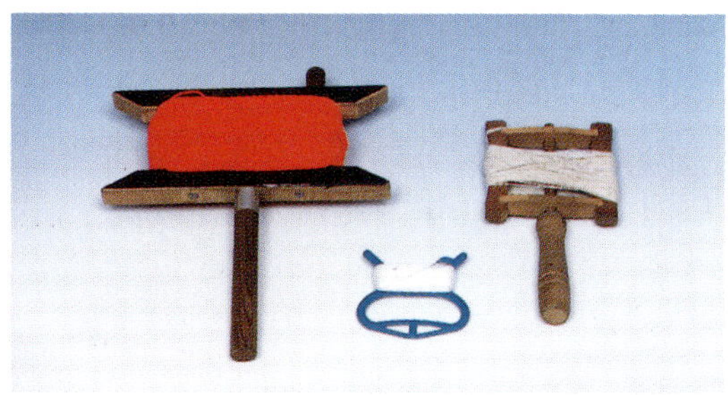

〔납작 얼레〕

(6) 연의 방향 전환

연실을 감으면 연의 머리가 향하고 있는 방향으로 상승하고 줄을 늦추어 주는 양에 따라 상하, 좌우 다양한 방향으로 전환할 수 있다. 그러므로 바람을 등지고 눈에 보이는 좌우(180°) 어느 방향이든, 어떤 높이이든 관계없이 연을 조종하여 보낼 수 있다.

(7) 경기연 공격 방어의 기본 원리

① **뿌리치기**(일명 탱금) : 줄을 빨리 감았다가 얼른 얼레를 전면으로 향하게 하여 줄을 순식간에 많이 풀리게 하는 행위

② **감아치기** : 상대줄 밑으로 들어가 감아 올려서 끊는 방법

③ **찍기** : 상대 줄 위에서 뿌리치기(탱금)를 하여 상대방의 줄을 끊는 행위

〔초보자를 위한 공격과 방어의 상세도〕
(굵은 줄은 아랫연실, 가는 줄은 윗연실)

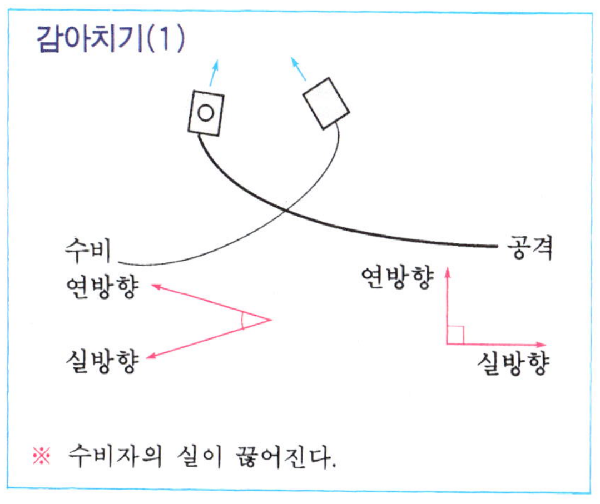

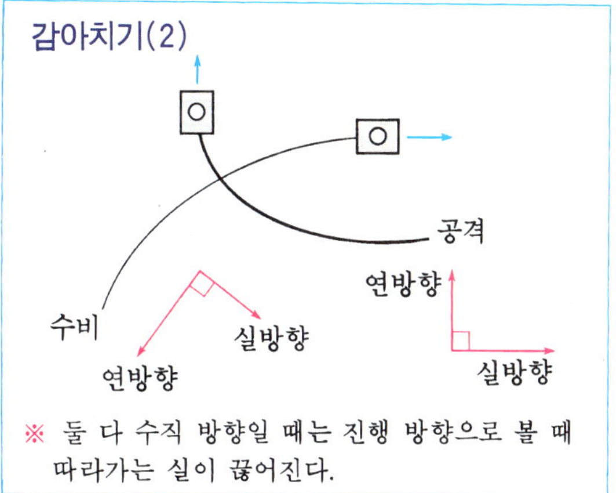

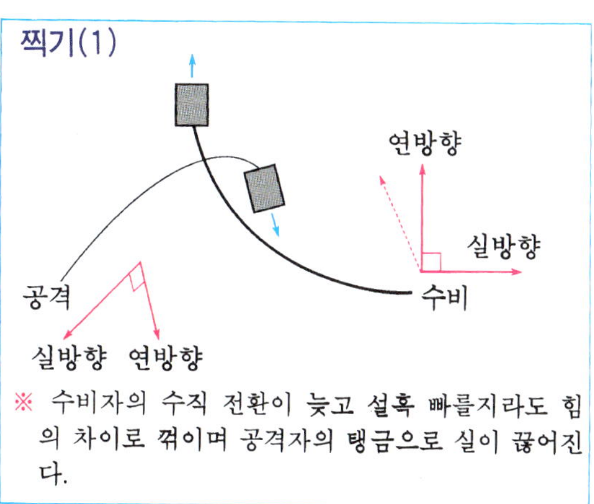

찍기(2)

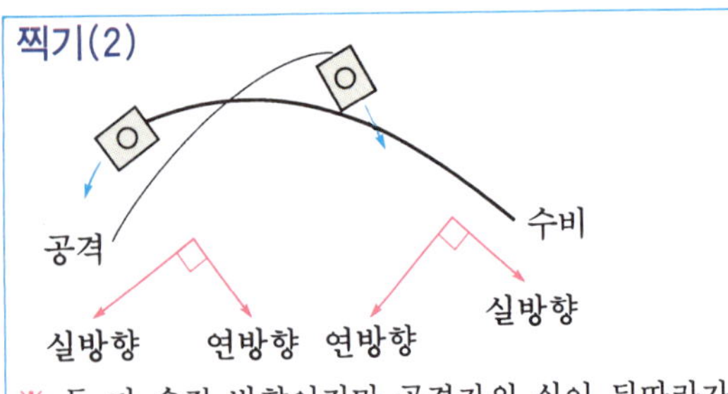

※ 둘 다 수직 방향이지만 공격자의 실이 뒤따라가는 실이 되어 끊어진다. 공격자의 속도가 빨라도 수비자의 실을 끊을 수 없으며 수비자의 탱금으로 실이 끊어진다.

〔기본 원리〕

연줄끊기는 근본적으로 각도와 속도의 싸움이다. 연의 진행 방향과 실의 진행 방향이 수직일 때 힘이 극대화되는데 예를 들면 상대실을 꺾는 경우 상대방의 실과 연의 진행 방향의 각도가 좁게 되어 끊어지는 것이다.

'94. 서울 국제 연날리기 대회 : 때－2. 26～27, 장소－여의도 고수 부지, 참가국－한국, 일본, 미국, 캐나다, 홍콩, 중국, 프랑스, 독일, 필리핀, 말레이시아, 스리랑카, 싱가포르

4. 연날리기 대회 심사 규정

(1) 심사 규정(1)

제29回('95)百想杯 全國 연날리기 大會
(한국 일보)(自然 농원에서)

제 1 조 경기 종목은 끊기, 창작연, 왕자전으로 구분하고 보조 경기로 윷놀이, 널뛰기 경기를 둔다.

제 2 조 (끊기) 연의 크기에는 제한이 없으나 연실은 자유로 하되 낚시줄 및 철사류는 금한다.

제 3 조 끊기 경기는 2인이 토너먼트 방식으로 진행하며 먼저 끊긴 자를 패자로 한다.

제 4 조 대전은 연을 적당히 올린 후 양쪽 선수의 동의 하에 신호와 함께 시작한다.

제 5 조 선수는 대전 중 지정 장소를 떠나지 못한다. 단, 장시간 얼리지 못할 때는 자리를 바꿔줄 수 있다.

제 6 조 대전 신호 후 연이 땅에 떨어지거나 기타 장애물에 걸려서 떠오를 가능성이 없을 때에는 이를 패자로 한다. 단 다른 연에 걸려서 끊어졌을 경우에는 재경기를 할 수 있다.

제 7 조 (창작연) 창작연은 곤충, 짐승 등 동물 모양 또는 상징적인 모양이어야 하며 부양력, 안정성, 크기, 모양, 색채에 기준을 두고 심사 위원들의 기명 투표로 등급을 정한다.

제 8 조 멀리날리기(초등부)는 신호에 따라 전원이 동시에 연을 띄워 얼레에 감긴 실을 먼저 푼 순위로 결정한다.

부 칙

제 9 조 참가 선수는 본대회 참가 신청서에 서약한 바와 같이 심사 위원의 판정에 따른다.

제10조 참가자가 소란을 피우거나 난동 행위 및 지장을 초래한다고 판단될 때에는 심사 위원회의 결의로 참가를 금지 또는 실격으로 처리한다.

제11조 기타 본 심사 규정에 명시되지 않았거나 경기 중 발생되는 사항은 심사 위원회의 유권 해석 및 결정에 따른다.

(2) 심판 규정(2)

제25回('95) 全國 연날리기 大會(釜山 民俗鳶 保存會)(釜山 海運台에서)

1. 연의 크기는 소형연 머릿살 40cm, 대형연 머릿살 60cm 이상으로 한다.
2. 연실은 무명실, 명주실, 베실, 화학사에 한하고 철사, 낚시줄은 불허한다.
3. 감아치기 전법은 150m 이내에서는 허용않는다.
   단, 약풍일 때는 심판 재량에 의한다.
4. 경기 시작 및 승패 결정의 신호는 심판의 호각 또는 징으로 알린다.
5. 심판의 경기 시작 신호가 내린 후에 연이 자연 장애물에 걸려 내려앉거나, 저절로 돌아서 내려앉거나, 얽히기 전에 연실이 끊어졌을 때는 패자로 간주한다. 단, 고의적인 장애물 발생시는 재시합을 하게 한다.
6. 선수의 경기 위치는 지정 위치에 한하고 지정 위치를 이탈하지 못한다.
7. 경기 시작 후 연이 멀어져 육안으로 식별할 수 없을 때는 심판의 권한으로 재시합을 하게 할 수 있다.
8. 출전은 종목별로 1인 1회에 한한다.
   단, 1회전 패자에 한하여 패자 부활전을 하게 할 수도 있다.
9. 대전 방법은 토너먼트 전법(매회마다 패자는 탈락)으로 한다.
10. 경기 시작의 신호가 내린 후 5분 이내

에 얽히지 못하면 양자 모두 탈락으로 간주하며 얽힌 후 승패가 나지 않을 경우에는 연실이 위에 위치한 연을 승자로 결정한다(대전 제한 시간 5분). 단, 얽힌 후 다시 풀어져 제한 시간 경과시는 양자 모두 얽히지 못한 것으로 간주한다.

11. 출전 선수는 필히 주민등록증을 제시하여 출전하여야 한다.
12. 모든 이의 신청은 경기 시작 전에 신청할 것이며 경기 시작 후의 이의는 일체 받지 않는다.

'94. 서울 국제 연날리기 대회 : 때－2. 26～27, 장소－여의도 고수 부지, 참가국－한국, 일본, 미국, 캐나다, 홍콩, 중국, 프랑스, 독일, 필리핀, 말레이시아, 스리랑카, 싱가포르

5. 연만들기

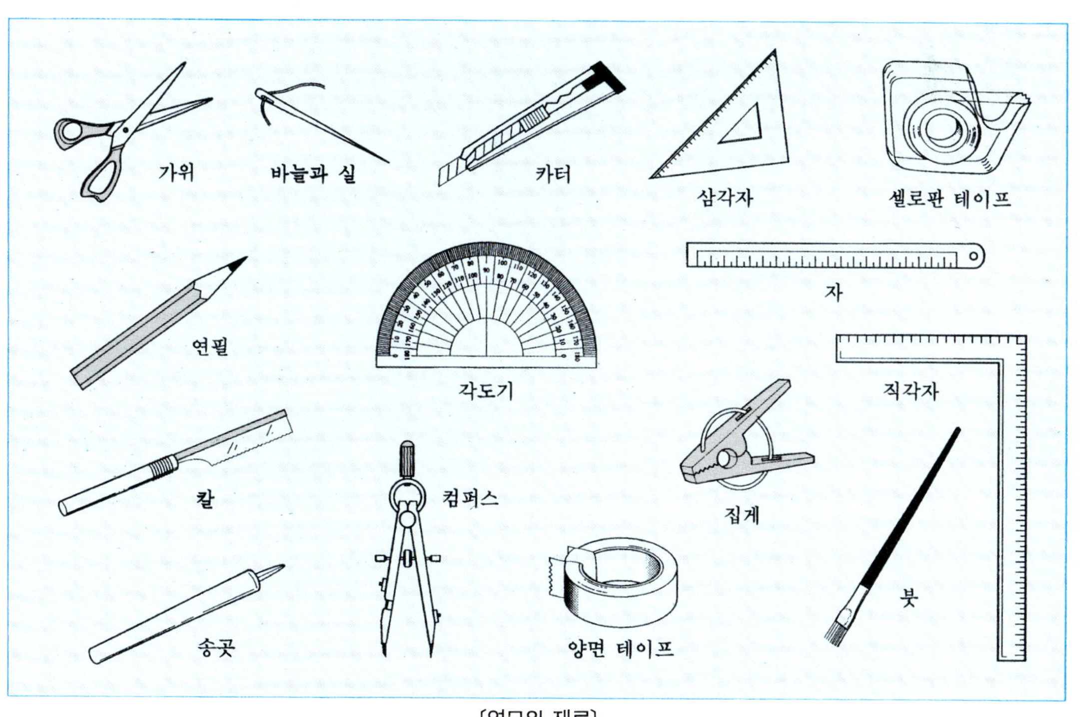

〔연모와 재료〕

방 패 연

재 료

① 댓살(5×5×410mm)(머릿살) - - - - - - - 1
② 댓살(1×2×410mm)(허릿살) - - - - - - - 1
③ 댓살(5×5×575mm)(중심살) - - - - - - - 1
④ 댓살(5×5×700mm)(장 살) - - - - - - - 2
⑤ 한지(600×400mm) - - - - - - - - - - - - - - 1
⑥ 실 - 1얼레

(1) 댓살 : 방패연에는 5개의 댓살만 있으면 된다. 우리 나라에서는 왕대(王竹) 또는 참대(眞竹)가 바짝 말라서 누렇게 된 고황죽(枯黃竹)이나 비닐 우산의 살대를 다듬어서 만들어도 좋다.

이것을 다듬을 때에는 겉대와 속대를 보고 다듬어야 한다. 겉대는 초록색이며 윤기가 나고, 속대는 누런색이며 윤기가 없다. 이 때에 풀칠할 자리는 속대이다. 겉대는 윤기가 나면서 기름기가 있어 부착력이 약하기 때문이다.

두께는 가로, 세로 약 5mm 정도가 알맞으며 다음 그림과 같이 다듬는 것이 좋다.

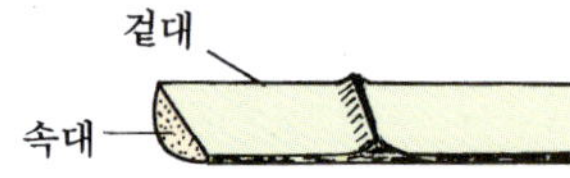

특히 허릿살은 바람의 저항을 부드럽게 하기 위하여 좀 가늘게 다듬는 것이 좋다.

(2) 머릿살다듬기 : 살 양 끝을 쥐고 가볍게 휘었을 때 고르게 활모양으로 휘어져야 하고 휘어지는 각도가 양쪽이 15°～20°일 때가 좋다.

(3) 장살다듬기 : 윗 부분보다 아래쪽이 약간 얇은 것이 바람의 저항을 덜 받는다. 장살 2개를 잡고 휘었을 때 휘어지는 정도가 똑같아야 하며 윗쪽은 10°, 아랫쪽은 20°가 적절하다.

(4) 중심살다듬기 : 장살과 같게 다듬는다.

(5) 허릿살다듬기 : 얇게 다듬어 두께 1mm, 너비 2mm 정도가 알맞은데 휘어짐이 아주 부드러워야 한다.

(6) 한지 준비 : 연을 만들 때 쓰는 종이로는 가볍고 질긴 한지가 좋다. 약간 누런 빛이 나는 것은 순수한 닥나무 껍질로 만든 것이고, 하얀빛이 나는 것은 양지 원료와 섞어서 만든 것이다. 섞어서 만든 것은 장애물에 부딛쳤을 때 잘 찢어진다. 그런데 요 근래에는 연종이로 비닐 포장지를 사용하는 것이 눈에 많이 띈다.

대형 연을 만들 때에는 명주천이나 나일론천(낙하산천), 타이 백(Ty vek)이라 해서 합성 수지로 만든 것도 있다.

그런데 한지는 물에 적셔 다듬이질한 다음 다리미로 문질러 질기게 하여 사용하면 더욱 좋다.

만드는 방법

(1) 종이 마름질

1 연만들 종이를 3 : 2(세로 60cm, 가로 40cm)로 마름질한다.

2 머리가 될 부분에 3cm 정도 선을 긋고 접는다(〔그림 ①, ②〕 참조).

3 가로로 2등분하여 접는다(접은 종이의 가로가 20cm가 되게 접는다)(〔그림 ②, ③〕

참조).

4 다시 세로로 2등분하여 접는다. 그리고 가로 너비의 2분의 1이 안 되는 치수(9cm 정도 이하)를 컴퍼스에 맞추어 부채꼴로 그리고, 이 선에 맞추어 가위로 자른다(〔그림 ④〕 참조).

5 이것을 펴면 〔그림 ⑤〕와 같이 되는데, 여기에 〔그림 ⑥〕과 같이 장살 붙일 자리 표시를 한다.

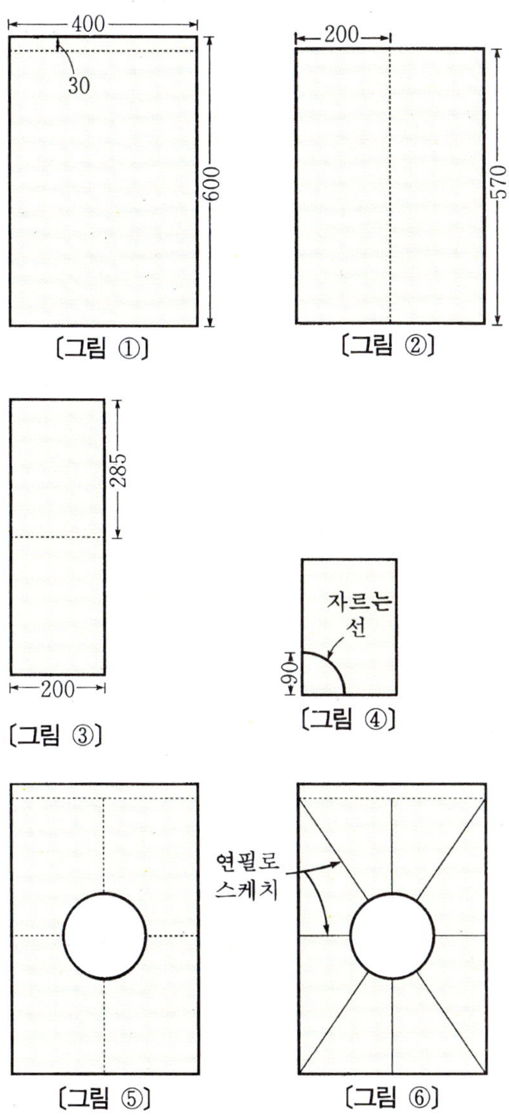

〔그림 ①〕 〔그림 ②〕 〔그림 ③〕 〔그림 ④〕 〔그림 ⑤〕 〔그림 ⑥〕

(2) 살붙이기

1 〔그림 ①〕과 같이 마름질한 연종이를 평면에 고루 펴놓고 머릿살의 속대에 풀칠(백색 본드)하여 꽉 눌러서 붙이는데, 머릿살 양쪽에 5mm 정도 더 나오게 붙여야 그 자리는 나중에 실도 매고, 연을 보호하는 장치가 된다(〔그림 ①〕의 (1) 참조).

2 장살 2개를 장살 길이의 절반만 풀칠하여 〔그림 ②〕와 같이 점선에 따라 밀착시켜 굳을 때까지 기다린다((2)자리만 붙인다.).

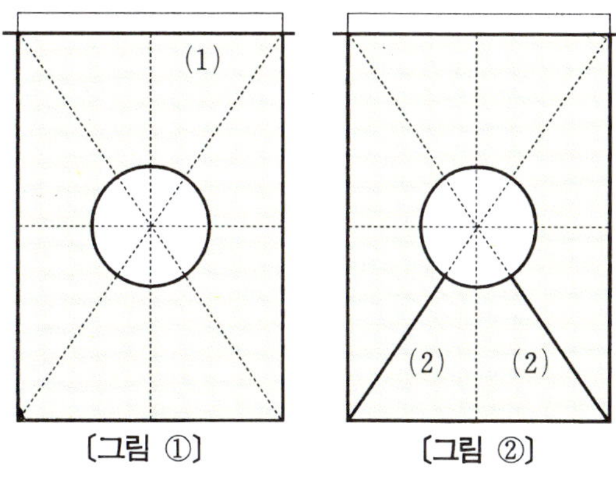

〔그림 ①〕 〔그림 ②〕

3 〔그림 ③〕과 같이 붙이는데, 밑면은(치마쪽) 그냥 붙였지만 윗면은 양 장살에 풀을 칠하고 머릿살 위에 얹혀 있는 두 장살끝을 엄지로 밀어붙이면서 치마(밑면) 쪽이 약 15° 가량(약 2mm) 올라가도록 하여 연종이 표면이 팽팽하게 만든다. (3)의 자리 화살표를 보고 만든다. 완전히 붙게 될 때까지 1~2분간 엄지를 움직이지 않고 기다려야 한다. 〔그림 ④〕는 평면에 연을 올려놓은 단면도이다. 아래쪽이 더 위로 추겨 올라가야 한다.

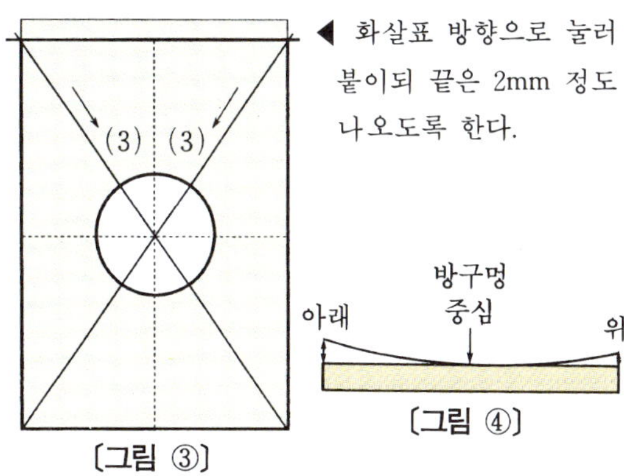

〔그림 ③〕 〔그림 ④〕

4 중심살을 머릿살에 맞붙이고, 다음에는 허릿살을 붙이면 다 완성된 것이다. 〔그림 ⑤〕의 빗금자리에 풀칠하여 머릿살 쪽으로 고루 붙인다(〔그림 ⑥〕 참조).

5 다 만든 다음 양손으로 머릿살을 휘어 보고 활모양으로 고르게 휘어지게 한다.

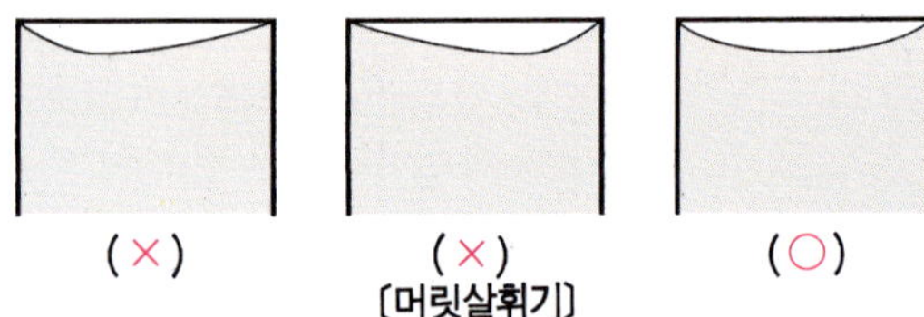

〔머릿살휘기〕

6 완성된 연을 평면 위에 놓았을 때 방구멍 자리(중심 자리)가 약간 배가 나와야 정상이다.

7 꽁숫구멍의 위치는 방구멍의 중심에서 중심살의 맨끝까지의 중심에서 약 1cm 아래(밑) 지점인데, 이 곳 중심살 양쪽에 구멍을 내는 것이 좋다(〔그림 ⑥〕 참조). (이 때 꽁숫구멍이 더 위로 올라가면 연놀림이 빠르고, 더 아래로 내려오면 연놀림이 둔해진다.)

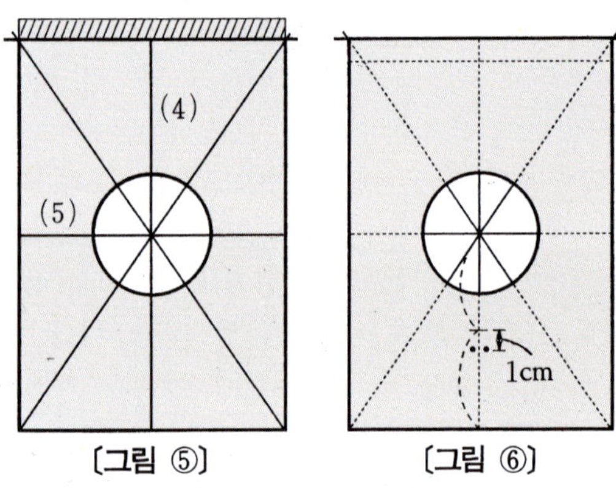

〔그림 ⑤〕 〔그림 ⑥〕

(3) 벌이줄매기

1 **줄 5개로 매는 방법** : 60cm의 줄을 준비해서 ①줄은 양쪽 귀퉁이를 맨다. 다시 말해서 머릿살(연의 안) 양귀에 묶는다. 왼쪽 귀에 한 번만 더 감으면 그림과 같이 활모양으로 된다. ②줄은 오른쪽 귀끝에 또 하나의 연줄을 묶는다. ③줄을 왼쪽 귀에 묶고, ④줄은 꽁숫구멍에 묶는다. ⑤줄은 가장 중심 자리에 묶는다.

①줄을 제외한 4줄을 합쳐 쥐고 오른쪽, 왼쪽 귀끝에 맞추어 조절한다. 마지막으로 4줄을 그대로 쥐고 꽁숫구멍자리까지 끌어내리어 조절하고 보면 정삼각뿔이 된다.

이 줄을 쥐고 연을 들면 꽁숫줄이 늘어진다. 늘어진 것이 팽팽할 때까지 중심을 더 풀어 주면 4개의 줄이 다 같이 팽팽해지는데 이 때 그대로 묶으면 된다.

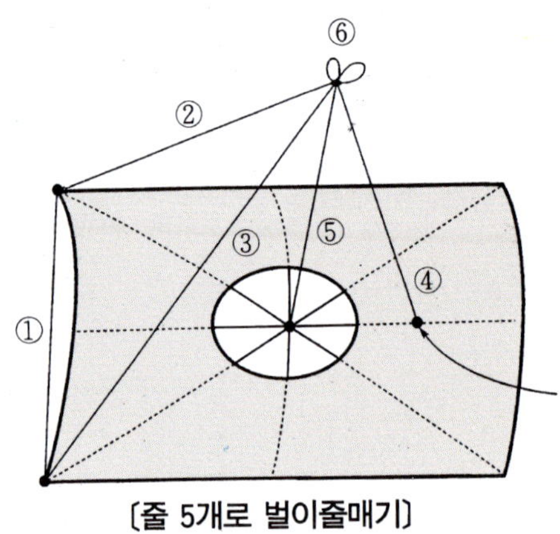

〔줄 5개로 벌이줄매기〕

2 **줄 1개로 매는 방법** : 그림을 잘 보고 화살표의 방향과 순서를 잘 보고 착수한다.

약 2m 50cm 길이의 연줄을 준비하여 그림과 같이 방구멍의 중심에 묶고, 위로 30cm 정도에서 꺾어 접어(그림의 ①) 왼쪽 귀로 가서 감아 묶고(그림의 ②) 다시 오른쪽 귀퉁이에 감아서 묶은 다음(그림의 ③) 그림의 ⑥에서 여러 가닥이 만나도록 한다(그림의 ④). 마지막으로 남은 실을 꽁숫구멍에 넣어 묶는다(그림의 ⑤). 이 때에 ⑥에서 합쳐친 4줄이 고르게 되어야 한다.

이 4가닥을 쥐고 왼쪽, 오른쪽 귀에 팽팽하게 맞추어 조절한 다음 마지막에 두 벌이줄을 꽁숫구멍에 맞추어 조절하면 정삼각뿔이 되는데 쥐고 있는 자리를 묶으면 줄매기가 끝나게 된다.

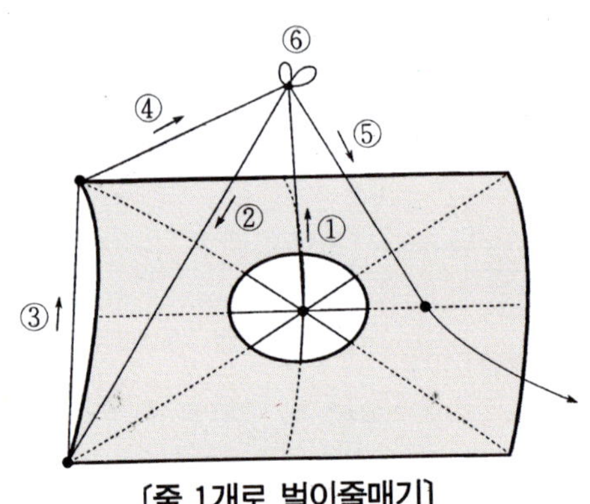

〔줄 1개로 벌이줄매기〕

가오리연

가오리연은 흡사 가오리와 비슷하게 생겨서 부르게 된 것이다. 인도네시아에서 어른 아이할 것 없이 이 연을 많이 날린다. 재료도 구하기 쉽고 만들기가 쉬워서 어린이들이 많이 만들고 있다.

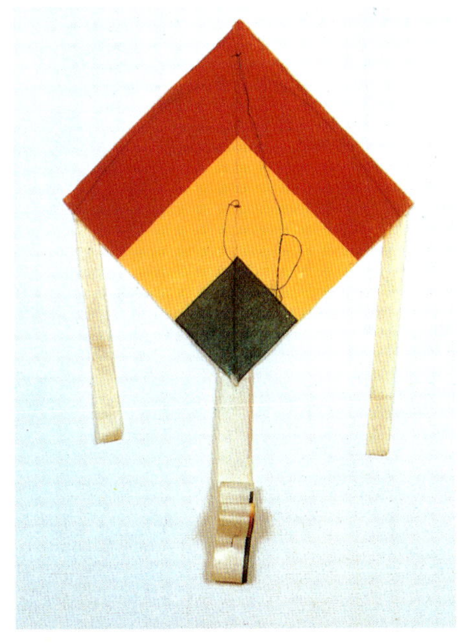

재 료

① 댓살(5×5×440mm) - - - - - - - - - - - - - - 2
② 한지(또는 비닐)(270×270mm) - - - - - 2
③ 종이 테이프 - 1
④ 실 - 1얼레

만드는 방법

1 한지(비닐)를 정사각형으로 마름질한다〔그림 ①〕.

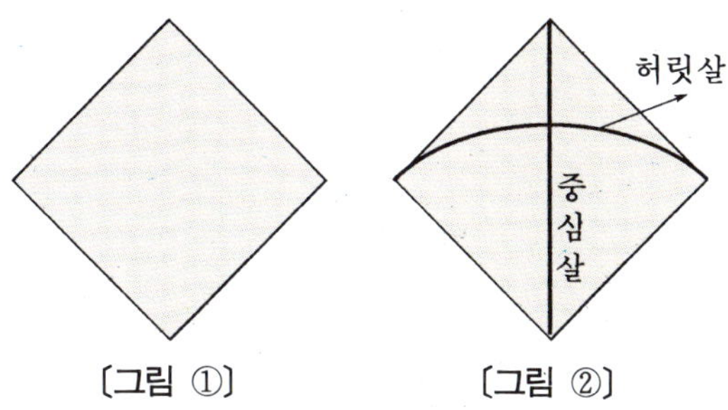

〔그림 ①〕 〔그림 ②〕

2 마름질한 종이 위에 중심살을 먼저 놓고〔그림 ②〕 다음은 허릿살을 놓아서 몇 번 활모양으로 휘어본다. 균형이 잡히면 중심살을 〔그림 ③〕과 같이〕 1~4의 순으로 종이 테이프를 똑같은 간격으로 붙인다. 다음은 허릿살을 종이 테이프로 붙이는데 먼저 5자리를 붙이고 댓살을 활모양으로 휘어 눌러서 6자리를 붙인다. 다음에 7 8 9 10의 순으로 붙이면 몸체는 다 만든 것이다.

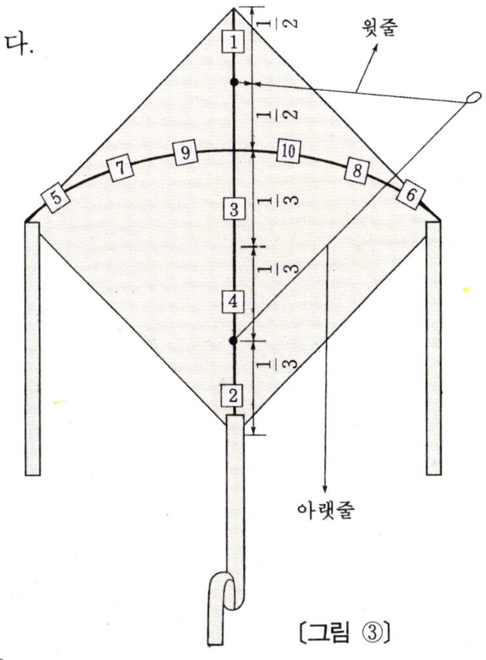

〔그림 ③〕

3 양쪽 옆 짧은 꼬리를 적당한 길이(약 30cm 정도)로 붙이고 긴꼬리(중심 자리 끝)는 가급적 길게(약 2.5m 정도) 만들어 달아 날릴 때에 중심을 잡도록 한다(〔그림 ③〕 참조).

4 윗줄은 머리 끝에서 중심살과 허릿살이 교차되는 곳까지의 2분의 1이 되는 자리에 구멍을 내어 묶으면 되고, 아랫줄은 중심살과 허릿살이 교차되는 곳에서 중심살 끝까지를 3등분하여 아래쪽 3분의 1 자리의 중심살에 묶으면 된다.

5 윗줄과 아랫줄의 길이가 똑같으면 바람의 저항을 충분히 받지 않아 잘 날지 못하기 때문에 윗줄보다 아랫줄이 조금 더 길어야 바람을 잘 받아서 양력을 일으키면서 올라간다.

③

둥 근 연

여러분들은 둥근연을 보았는지? 아마 보지 못했을 것이다. 이 연은 다른 연보다 날리기 어려운데 몸체의 끝에 꼬리를 길게 달아서 날리면 중심이 잡혀 잘 날게 된다.

재 료

① 댓살(길이 260mm) - - - - - - - - 4
② 댓살(길이 300mm) - - - - - - - - 1
③ 댓살(길이 700mm) - - - - - - - - 1
④ 가는 댓살(길이 960mm) - - - - - - 1
⑤ 한지(280×300mm) - - - - - - - - 1
⑥ 포장끈(8m) - - - - - - - - - - - 1
⑦ 활벌이줄(40cm 이상) - - - - - - - 1
⑧ 실 - - - - - - - - - - - - - - 1얼레

만드는 방법

1 〔그림 ①〕의 치수도를 살피면서 제작 과정을 구상한다. 〔그림 ②〕는 종이의 규격이다. 이 규격대로 마름질하여 여기에 고양이나 돼지 머리를 정면에서 본 그림을 그린다.

〔치수도〕

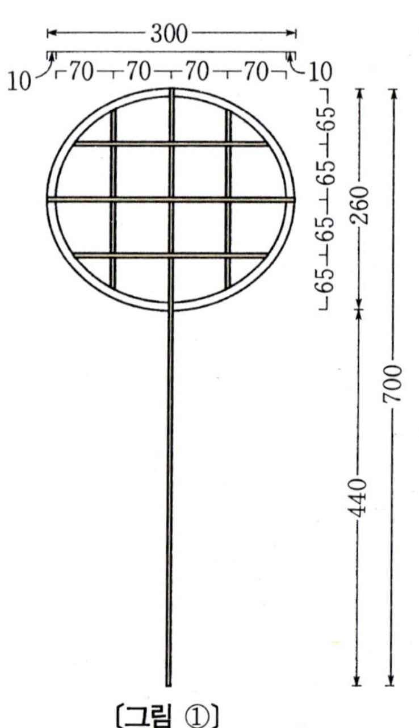

〔그림 ①〕

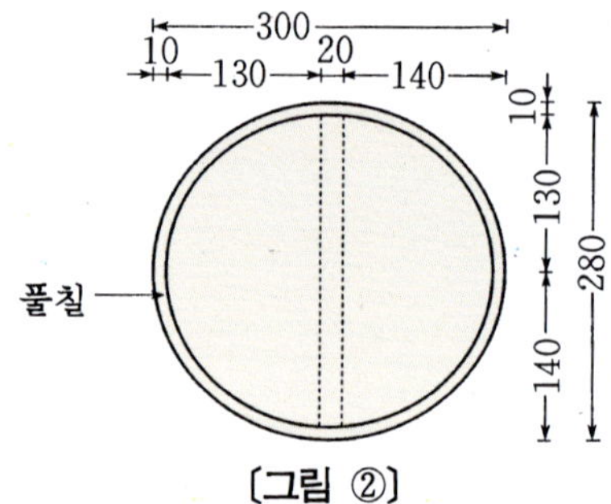

〔그림 ②〕

2 한지를 2등분하여 접고, 접은 자리의 옆을 다시 1cm 간격으로 접는다. 〔그림 ③〕과 같이 컴퍼스로 반원(반지름 13cm)을 그려 다시 〔그림 ④〕와 같이 왼쪽을 똑같은 반원으로 그려 원형으로 만든다.

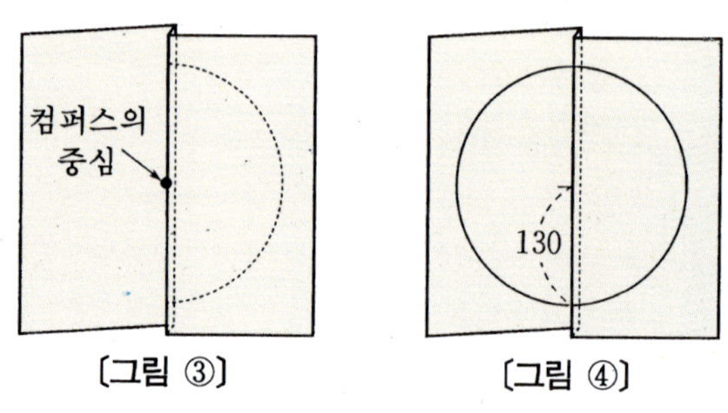

〔그림 ③〕 〔그림 ④〕

3 원형의 둘레는 〔그림 ⑤〕와 같이 1cm 간격으로 자른 다음 세로대 2개를 풀칠하여 붙인다.

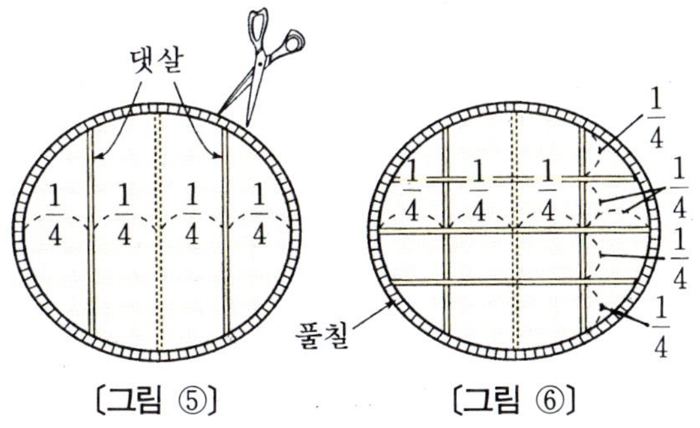

〔그림 ⑤〕 〔그림 ⑥〕

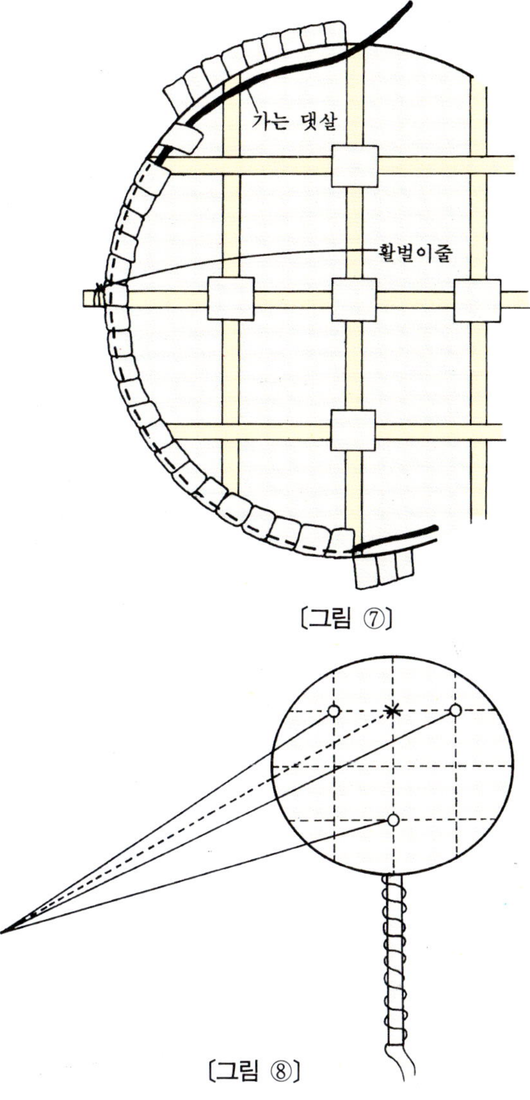

〔그림 ⑦〕

〔그림 ⑧〕

4 〔그림 ⑥〕과 같이 세로대와 가로대를 4분의 1 간격으로 붙인다. 마지막으로 중심 자리의 점선 부분에는 70cm 정도의 댓살을 강력 접착제(본드)로 붙여서 골격을 맞춘다.

5 마무리 작업으로 풀칠한 가장자리에 가는 댓살을 넣어 하나 하나 붙여 나가면서 한 바퀴 돌린다〔그림 ⑦〕.

6 중앙에 있는 가로댓살의 중심 자리 끝에는 〔그림 ⑦〕과 같이 활벌이줄을 다는데 바람이 약할 때에는 느슨하게 매고 바람이 셀 때에는 서너 번 감아서 바람의 저항을 조절한다.

7 목줄은 〔그림 ⑧〕과 같이 세 군데에 단 다음 세 군데의 목줄을 합쳐, 길이는 연의 너비 두 배 정도로 하고 각도는 위에서 보아 실의 각도를 ×표한 자리에 맞으면 되고 비닐끈은 〔그림 ⑧〕의 밑부분과 같이 길게 달아서 날리면 길게 늘어지게 된다.

〔둥근연과 비슷한 연〕

(이시스신의 연 - 이집트)

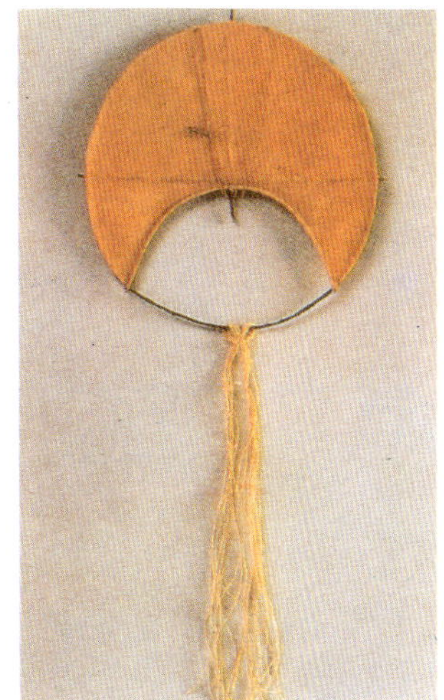
(나뭇잎연 - 하와이)

(고양이연 - 일본)

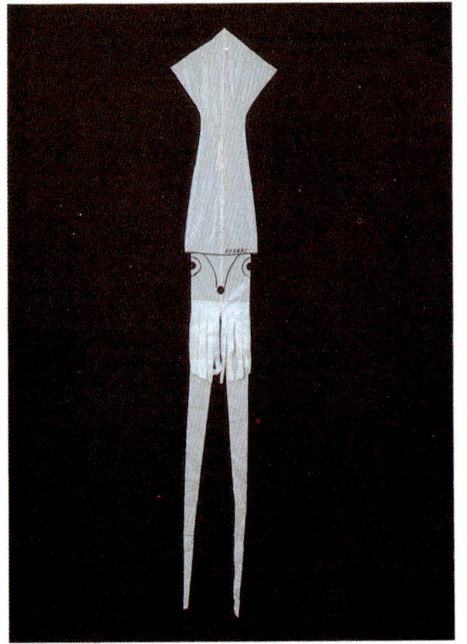

④

오징어연

(고세키 아키라 도움말)

내가 사는 에도가와 구는 연날리기가 좋은 하천 부지가 있다. 그래서 시민들이 사시 사철 연날리기를 즐기고 있다. 그런데 가까운 곳에 수족관에 들렸더니 오징어가 떼를 지어 늠름하게 헤엄치고 가는 데 착안해서 이 연을 만들어 보았다. 작은 것은 10cm 길이에서 큰 것은 10m 이상 되는 것까지 만들어서 날렸다.

재 료

① 댓살(지름－3mm, 길이－550mm) - - - - 1
② 댓살(지름－1.5mm, 길이－550mm) - - 2
③ 비닐(250×650mm)(우윳빛) - - - - - - - - 1
④ 비닐(250×650mm)(하늘색) - - - - - - - - 1
⑤ 한지 - 1장
⑥ 실 - 1얼레

만드는 방법

1 용지를 세로로 둘로 접어서〔그림 ①〕 오징어 모양의 그림을 그린다〔그림 ②〕.

〔그림 ①〕

〔그림 ②〕

2 그림에 따라 몸체는 자를 대고 칼로 잘라 내고〔그림 ③〕 다리쪽은 가위로 갈라서 꾸민다〔그림 ④〕. 잘라 낸 자투리는 보강용으로 사용한다.

〔그림 ③〕

〔그림 ④〕

3 접은 것을 펴서 둥근댓살(3mm)에 풀칠하여 중심에 붙인다(테이프로 붙여도 됨)〔그림 ⑤〕. 다시 뒤집어서 중심 댓살을 위아래로 문질러서 밀착을 시킨다〔그림 ⑥〕.

〔그림 ⑤〕

〔그림 ⑥〕

4 머리쪽의 댓살을 활모양으로 실로 묶어서〔그림 ⑦〕 머리 양귀쪽에 붙인다(활모양으로 휘지 않고 그냥 가로로 놓아 붙여도 된다)〔그림 ⑧〕.

〔그림 ⑦〕

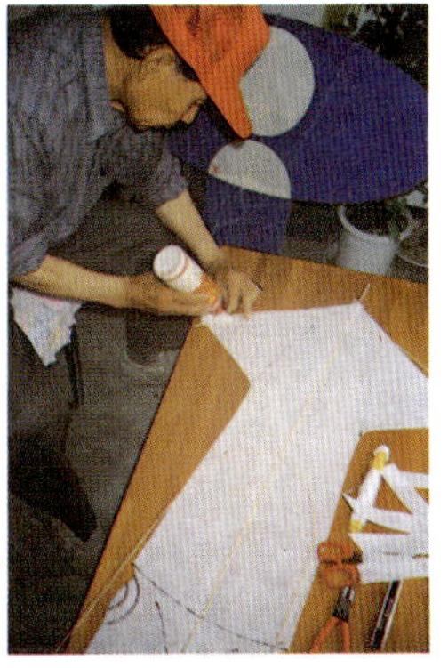

〔그림 ⑧〕

5 둥근 댓살을 활모양으로 휘어 허리 부분에 붙인다〔그림 ⑨〕. 이 작업이 끝나면 커다란 양 다리를 만들어 붙인다〔그림 ⑩〕.

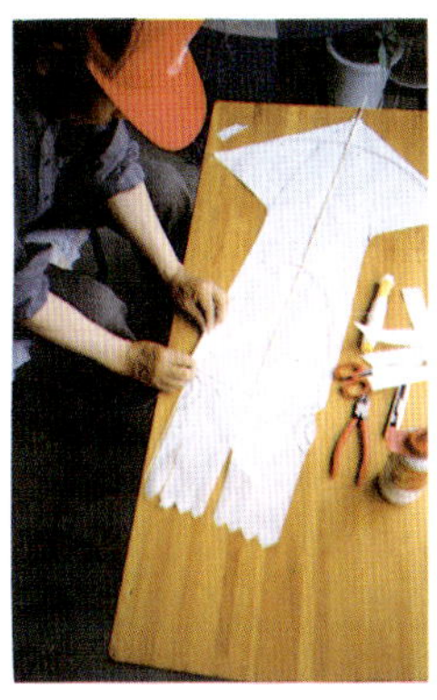

〔그림 ⑨〕

〔그림 ⑩〕

6 남은 종이로 보강하고 색칠한 뒤 중심댓살과 머릿살, 허릿살이 교차되는 두 군데에 목줄을 넣어서 묶고〔그림 ⑪〕(〔그림 ⑬〕의 ㉠, ㉡) 이 줄을 들어 보아 중심을 잡아(〔그림 ⑬〕의 ㉢) 묶어 완성한다〔그림 ⑫〕.

〔그림 ⑪〕

〔그림 ⑫〕

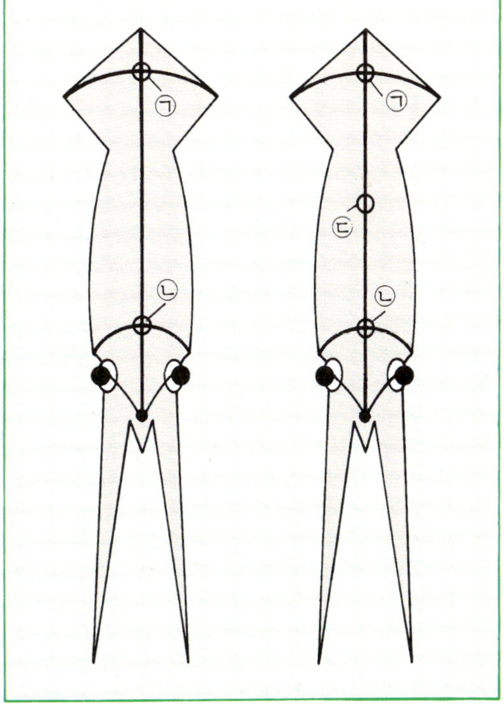

〔그림 ⑬〕

⑤

원기둥연

청사 초롱은 우리 나라뿐만 아니라 중국, 일본 등에서 많이 만들고 있는데 이것을 본떠서 만든 것이다. 이 연은 어린이도 쉽게 만들 수 있고 잘 날며, 표면에 그림을 그려서 날리면 재미 있다. 풍속 1~2m의 약한 바람과 5~6m의 강한 바람에도 잘 나는데, 강풍일 때에는 꼬리를 달면 되고 실은 가늘고 가벼운 재봉틀실로 하면 된다.

재 료

① 댓살(지름－2mm, 길이－650mm) - - - - 1
② 한지(250×650mm) - - - - - - - - - - - - - - - 1
③ 실 - 1얼레

만드는 방법

1 65cm 길이의 댓살을 지름 2mm로 다듬는다〔그림 ①〕. 이것을 둥글게 휘어서 2cm가 겹치게 하여 실로 묶는다〔그림 ②〕.

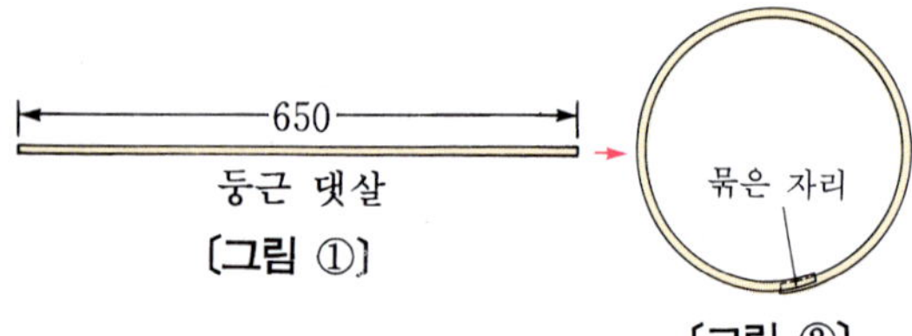

〔그림 ①〕

〔그림 ②〕

2 가로 65cm, 세로 25cm되는 한지를 펴서 윗쪽에 3cm가 되게 연필로 선을 긋고 그 자리에 풀칠을 한다〔그림 ③〕.

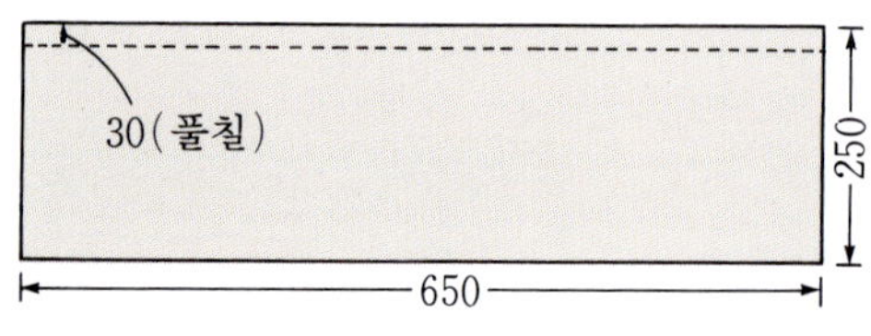

〔그림 ③〕

3 그 선에 둥글게 만든 댓살을 맞추어 한지를 접어 가며 붙인다〔그림 ④〕.

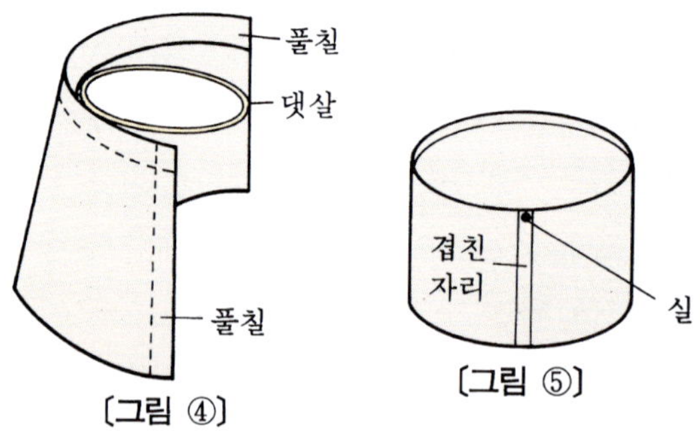

〔그림 ④〕 〔그림 ⑤〕

4 종이의 끝은 2cm쯤 겹쳐 붙여지게 되는데 이 곳의 댓살에 실을 묶어서 목줄로 한다〔그림 ⑤〕.

5 다 완성되면 표면에 태극 무늬를 그린다.

6 두 줄연 이상의 원기둥연은 중심에 막대를 달면 같이 올라가고 달지 않으면 흐트러지면서 날게 된다.

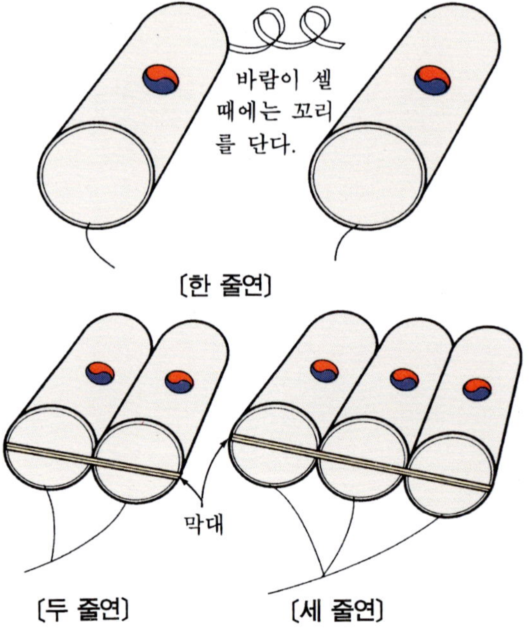

코브라연

태국은 코브라연이 성행하고 있다. 이 코브라연은 크고 작은 여러 가지가 있는데 바람이 약하면 불안정하나 일단 하늘에 떠 오르면 길다란 코브라연의 굼실거리는 모습이 장관을 이룬다. 비교적 간단하게 만들 수 있고 하늘 높이 날릴 수 있다.

재 료

① 댓살(470mm) - - - - - 2
② 한지(1200×1000mm) - - - - - 1
③ 풀 - - - - - 1
④ 실 - - - - - 1얼레
⑤ 그림 물감 - - - - - 1

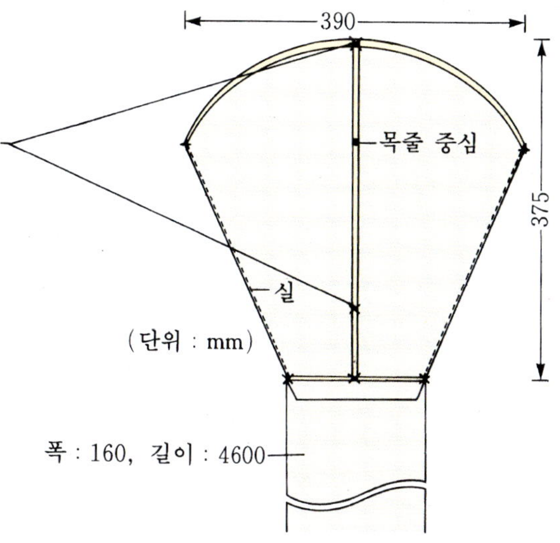

만드는 방법

1 둥근 댓살을 다음 그림과 같이 세우고 머리쪽에는 휜 댓살의 가운데를 묶고 아래쪽에는 곧은 댓살의 가운데를 묶는다.

2 위에 있는 댓살을 활모양으로 더 휘어서 양 끝을 실로 묶은 후 아래쪽 댓살에 연결시켜 묶어 머리면을 만든다. 이 때, 모양이 중심 댓살을 중심으로 양쪽이 닮은꼴이 되도록 조절한다.

3 머리 부분을 한지나 비닐로 붙여서 만들고, 꼬리 부분은 너비 16cm서부터 점점 좁게하여 약 5m 길이로 이어서 만든 다음, 뱀의 머리 모양(코브라)으로 그리고, 꼬리 부분도 비늘과 같이 메직 잉크로 그려서 완성시킨다.

4 목줄 중심을 잘 보고 위아래 줄(머릿줄과 꽁숫줄)을 여기에 맞추어서 매듭을 하여 목줄매기를 완성한 뒤 날리면 하늘로 꼬리를 치면서 올라간다.

재 료

① 막대(6×4×1000mm) - - - - - - - - - - - - 14
② 한지(1000×1200mm) - - - - - - - - - - - - 2
③ 접착제 - 1
④ 풀 - 1
⑤ 실 - 1얼레

만드는 방법

1 **앞날개만들기** : 〔그림 ①〕의 치수를 보면서 막대를 잘라 각도(직각이 되게)에 신경을 쓰면서 〔그림 ②〕의 ①~⑧막대를 붙인다. 이 앞날개를 꾸밀 때는 판판한 널빤지 위에서 꾸미는 것이 좋다. 꼬리날개도 앞날개와 같이 만든다.

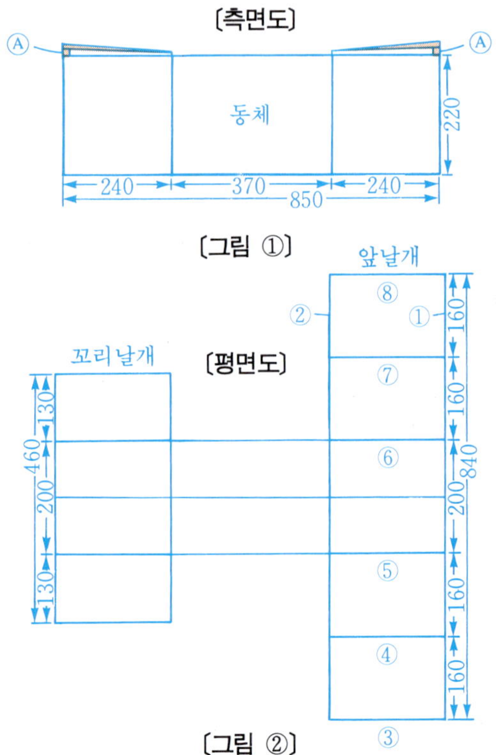

〔그림 ①〕

〔그림 ②〕

⑦ 비행기연

비행기연은 약한 바람이나 강한 바람에도 잘 날 수 있다. 또 앞날개와 꼬리날개 및 동체를 갖추고 있어 흡사 글라이더와 비슷하다. 만들기 전에 그림을 잘 보고 어떻게 꾸며지는가를 살펴본다.

2 앞날개와 꼬리날개의 조립은 튼튼하게 하기 위하여 세모꼴의 종이(켄트지)를 만들어 가로, 세로 붙일 자리에 위 아래 붙이는 것이 좋다(〔그림 ④, ⑤〕 참조).

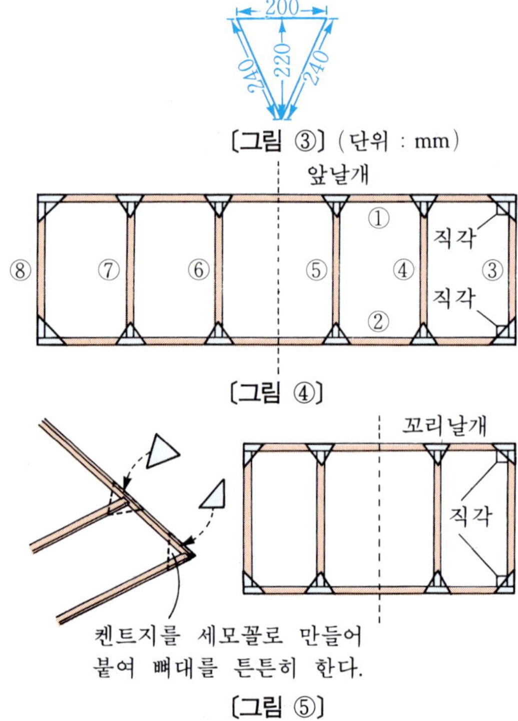

〔그림 ③〕 (단위 : mm)

〔그림 ④〕

〔그림 ⑤〕

3 **동체만들기** : 동체의 단면은 〔그림 ①, ③〕과 같다. 동체를 튼튼하게 만들려면 세모꼴의 틀 4개를 만들어 3개의 긴 막대(85cm짜리)를 마지막에 붙이면 된다(〔그림 ⑥〕 참조). 세모꼴의 틀을 만들 때에는 각이 되는 자리를 꼼꼼하게 다듬어야 한다(〔그림 ③, ⑥〕을 잘 보고 만들 것). 세모꼴의 틀을 만들 때 각의 모서리를 튼튼하게 하기 위하여 켄트지로 보강하는 것이 좋다〔그림 ⑥〕.

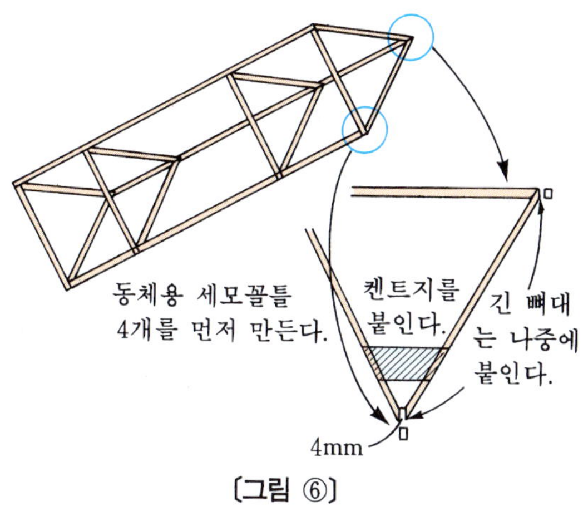

〔그림 ⑥〕

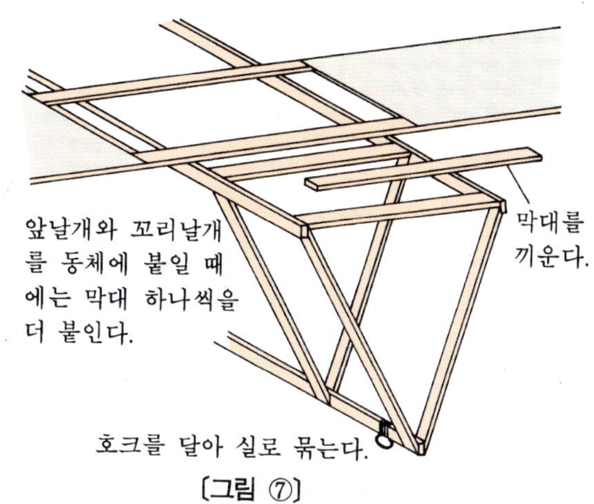

〔그림 ⑦〕

4 **날개와 동체의 조립** : 앞날개와 꼬리날개는 동체 위에 알맞게 맞추어 놓고 실로 묶는다. 이 때, 앞날개의 앞쪽에, 꼬리날개의 뒤쪽에 막대 1개씩을 끼우고(〔그림 ①〕의 Ⓐ 참조) 실로 묶는다.

5 **종이바르기** : 날개의 종이바르기는 윗면만, 동체는 바깥면만 바른다. 풀은 뼈대에 충분히 칠하고 종이바르기를 한다. 다 마른 다음 물뿌리개로 살짝 뿌려 그늘에서 말리면 팽팽하게 된다.

6 **호크달기** : 호크는 〔그림 ⑦〕과 같이 철사로 둥글게 만들어 밑대에 실로 묶는다. 이 호크에 연실을 걸어서 날리면 된다.

⑧

쌍붕어연

두 마리의 붕어를 붙여서 하늘 높이 올리는 것은 재미있다. 중국이나 일본에서는 이 붕어 모양의 연을 만들어 날리는 것을 자주 볼 수 있다.

재 료

① 댓살(5×5×1700mm) ---------- 5
② 댓살(5×5×950mm) ---------- 4
③ 한지(또는 천)(2000×1000mm) ----- 1
④ 실 -------------------- 1얼레
⑤ 풀 -------------------- 1
⑥ 그림 물감 ------------------ 1

만드는 방법

1 〔그림 ①〕을 보고 가로 세로의 뼈대가 어떻게 이어 나가는가를 잘 살핀 다음 중앙 세로 댓살 ①에 가로댓살 ②를 묶은 다음 한가운데 쯤에 가로 댓살 ③을 묶는다. 댓살 ③과 ①이 교차되는 지점과 ①댓살 상단 끝 사이, 위로부터 3분의 1 되는 지점에 가로댓살 ④를 묶는다.

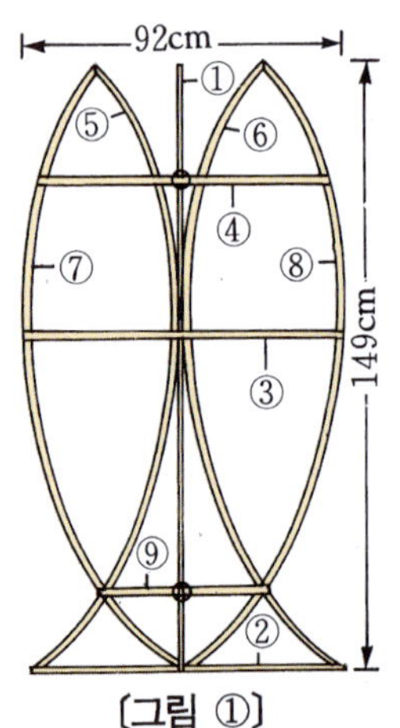

〔그림 ①〕

2 다음은 휘어진 세로 댓살을 꾸미는데 ⑤, ⑥, ⑦, ⑧의 순서로 묶는다.

3 마지막으로 가로 댓살 ⑨를 묶어 보강하고 뼈대를 완성한다.

4 뼈대에 한지나 천을 붙인다. 가장자리는 여유있게 잘라 뼈대를 싸고 약간 남게 하여 붙인다.

5 마른 다음 붕어 모양으로 그리고 색칠한다. 남은 종이로 꼬리를 만들어 붙이고 댓살 ①과 ④, ①과 ⑨가 교차되는 지점에 목줄을 달아 완성한다(〔그림 ②〕 참조).

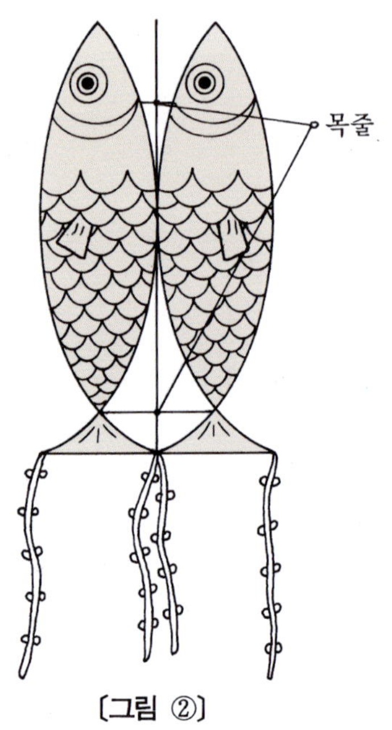

〔그림 ②〕

⑨

오각연

이 연은 집에서 가장 쉽게 만들 수 있는 연이다.

재 료

① 한지(또는 비닐)(300×250mm) - - - - - 1
② 댓살(3×3×350mm) - - - - - - - - - - - - - 4
③ 실 - 1얼레

만드는 방법

1 〔그림 ①〕과 같이 창호지를 중심선에 따라 반으로 접어 ㄱ, ㄴ 부분을 자르고 그것을 〔그림 ②〕와 같이 붙인다.

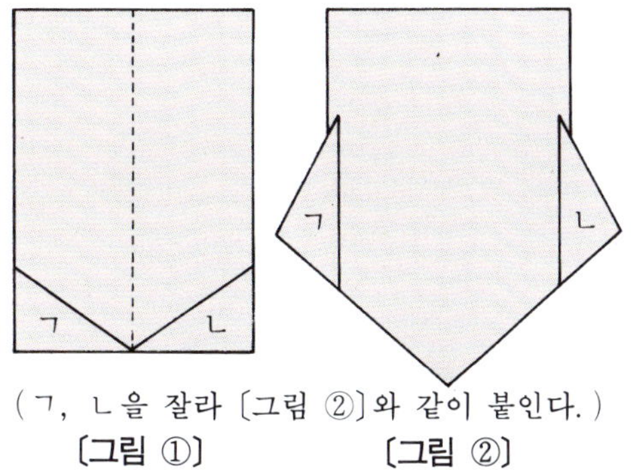

(ㄱ, ㄴ을 잘라 〔그림 ②〕와 같이 붙인다.)

〔그림 ①〕 〔그림 ②〕

2 댓살 4개를 풀칠하여 하나는 윗쪽에 가로로 붙이고, 두 개는 대각선으로 붙인 다음 나머지 1개를 새로로 중앙에 붙여서 〔그림 ③〕과 같이 만든다. 다 되었으면 〔그림 ④〕와 같이 꼬리를 단다.

(활벌이줄을 매고 실을 맨다.)

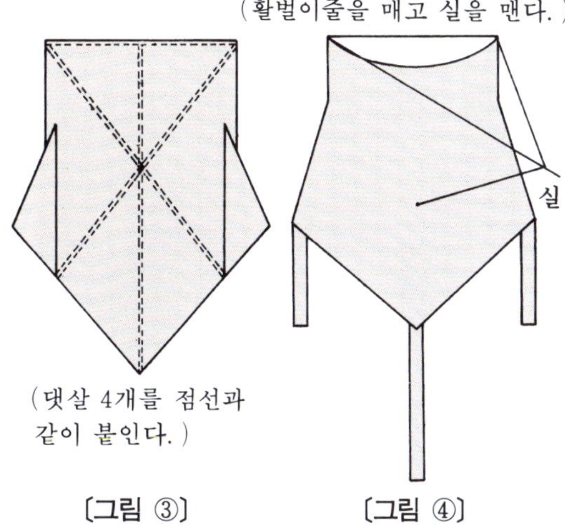

(댓살 4개를 점선과 같이 붙인다.)

〔그림 ③〕 〔그림 ④〕

3 하늘에 날릴 때 운치가 있도록 연 전면에 재미나는 그림을 그린다.

4 머릿살 양 귀를 실로 묶어서 활벌이줄을 맨다.

5 목줄은 양쪽 귀와 중심 자리보다 약간 밑으로 하여 세 군데를 묶고 이 세 개의 길이가 똑같게 한다. 이 때 알맞은 길이로 묶으려면 윗줄 두 개를 손으로 쥐고 아랫줄 묶은 자리에 맞추고, 아랫줄의 길이는 활벌이살 양 귀에 맞추면 된다. 그러니까 세 가닥의 길이가 같아야 한다.

육각연

(그리스의 전통연)

그리스에서는 이 육각연이 전통연이며 '신의 연'이라고도 부른다. B.C. 4세기 전부터 날렸다는 기록이 있다. 플라톤의 친구인 알투스(Altus)가 날렸다는 유래로 부활절 40일 전 첫 월요일이면 전 시민이 철시하고 이 연날리기 축제에 참가하는데, 아크로폴리스 바로 밑 빌로파스 언덕(일명 요정의 언덕이라고 부르며 평일에는 개방하지 않는 광대한 야산)에 입추의 여지 없이 운집한다. 전날에는 피리를 불고 북을 치면서 카니발이 벌어지고 이 날은 연날리기 축제가 벌어진다(필자가 '93. 3. 1에 초청을 받고 출전). 하늘에는 온통 육각연이 장식되고 있으나 아쉽게도 이 연은 기교를 부리지 못한다(가만히 하늘에 떠 있기만 한다). 그리고 이 곳에는 대나무가 없어서 막대로 뼈대를 꾸며서 만든다.

재 료

① 막대(5×4×700mm) - - - - - - - - - - - - - 3
② 비닐(1000×1000mm) - - - - - - - - - - - - 1
③ 못(15mm) - 1
④ 실(지름 : 1mm) - - - - - - - - - - - - - - 3m
⑤ 끈(지름 : 5mm) - - - - - - - - - - - - - 100m

만드는 방법

1 막대의 양 끝을 〔그림 ①〕과 같이 톱으로 따내고 3개의 막대를 알맞게 놓아 6각형으로 꾸며서 중심자리에 못을 박는다(〔그림 ②〕 참조).

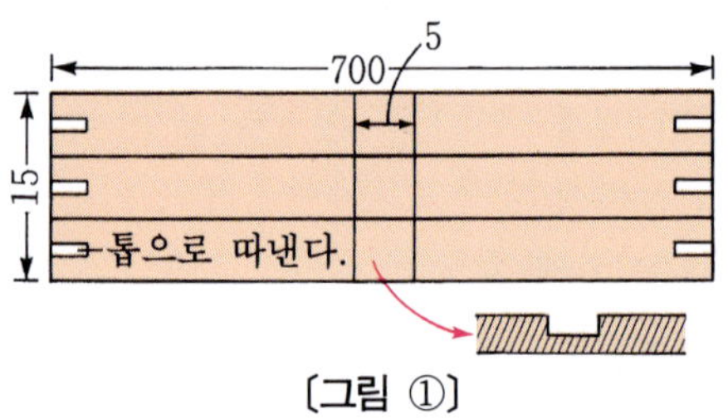

〔그림 ①〕

2 여섯 군데의 각도를 고르게 조정한 다음 지름 1mm의 실로 톱으로 따낸 자리에 묶어 가면서 〔그림 ②〕와 같이 만든다.

3 비닐을 뼈대 위에 덮고 고른 평면이 되게 한 다음 테두리실 밖으로 남는 비닐은 접어서 호치키스로 찍어 팽팽한 육각이 되게 한다.

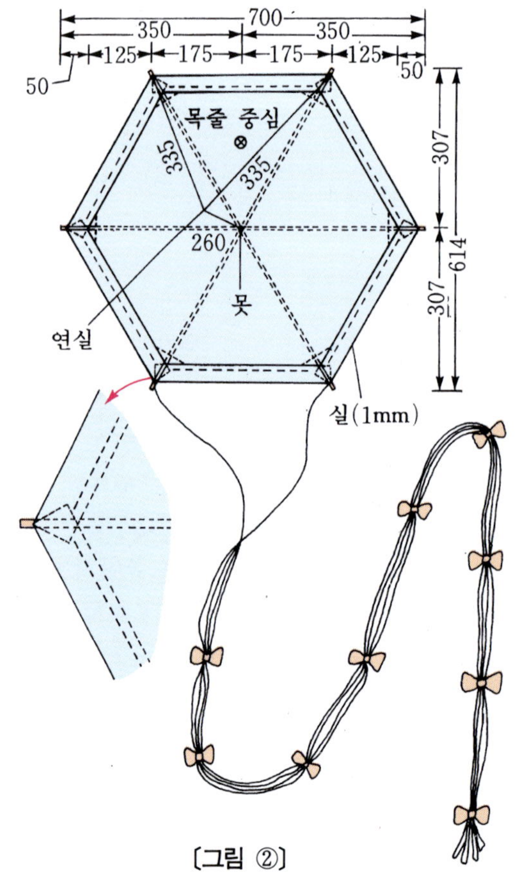

〔그림 ②〕

4 양쪽 귀에 묶은 두 개의 벌이줄은 정확히 못을 박은 자리에 맞아야 한다(양쪽 길이가 각각 33.5cm 정도면 맞는다). 밑에 있는 꽁숫줄은 〔그림 ②〕와 같이 26cm 정도면 알맞다.

5 〔그림 ②〕와 같이 밑면 양 귀에 끈을 묶어서 꼬리를 길게 달아 중심잡이를 하면 연이 완성된다.

※ 이 연은 초속 5~6m 정도라야 뜬다. 공중에서 기류를 타 늠름하게 떠 있는 것은 참으로 멋있다.

〔육각연의 본고장 그리스 아테네〕

〔육각연〕

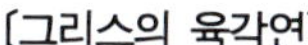
〔그리스의 육각연〕

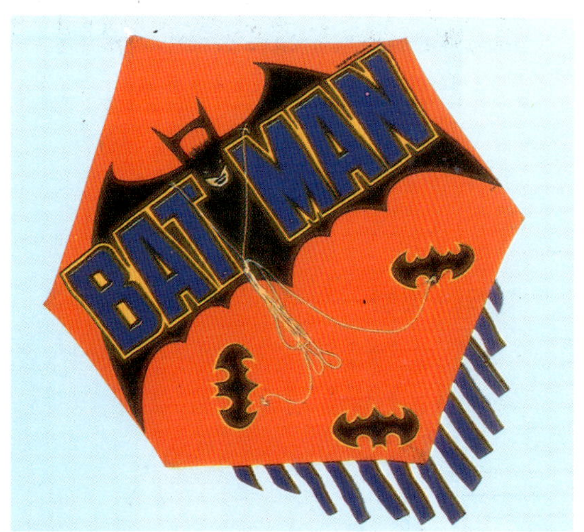

〔미국의 육각연〕

〔육각연 제작 방법으로 만든 연〕

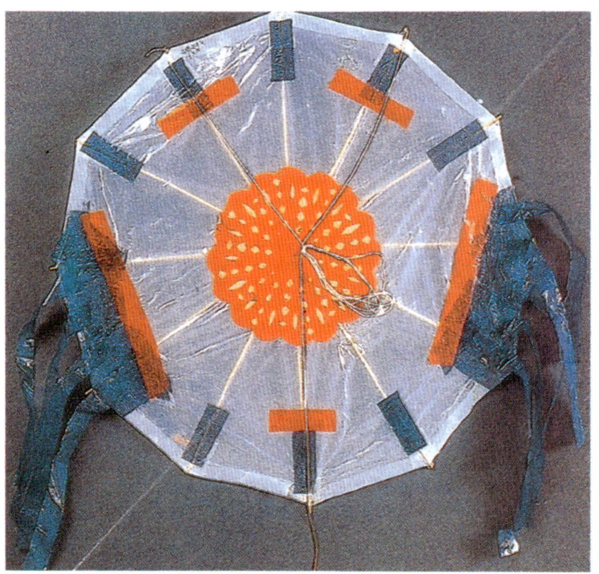
〔멕시칸연－85×85cm〕

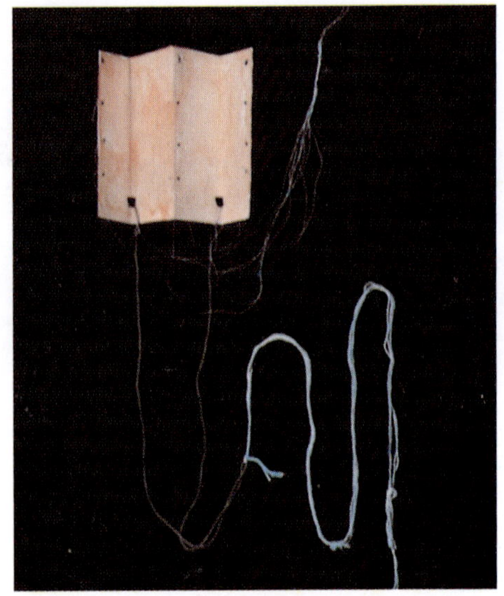

재 료

① 도화지(1250×2080mm) - - - - - - - - - - - - 1
② 한지(1250×2080mm) - - - - - - - - - - - - - 1
③ 실 - 1얼레

만드는 방법

1 도면을 잘 보고 치수에 맞추어 도화지를 가로로 4등분하여 접고〔그림 ①〕, 양쪽과 중앙 등에 같은 간격으로 세로로 4점을 정한 뒤(〔그림 ①, ②〕 참조) 구멍을 내어 열두 개의 실을 넣어 연 면의 중앙자리 쯤(4각뿔의 꼭지점)에 맞추어 묶어 목줄매기를 완성한다〔그림 ③〕.

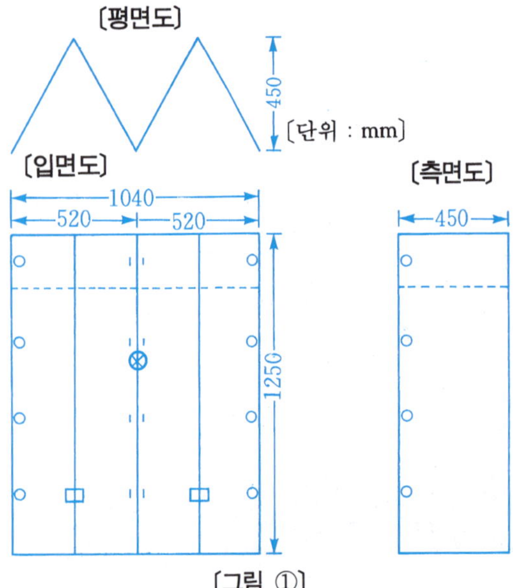

〔그림 ①〕

⑪

병풍연

바닷가나 냇가에서 어린이들이 간단하게 만들어 날릴 수 있는 연이다.

2 연의 앞면에 아름다운 도안을 그리고 색칠을 한 다음 긴 꼬리를 달아 날리면 더욱 좋다.

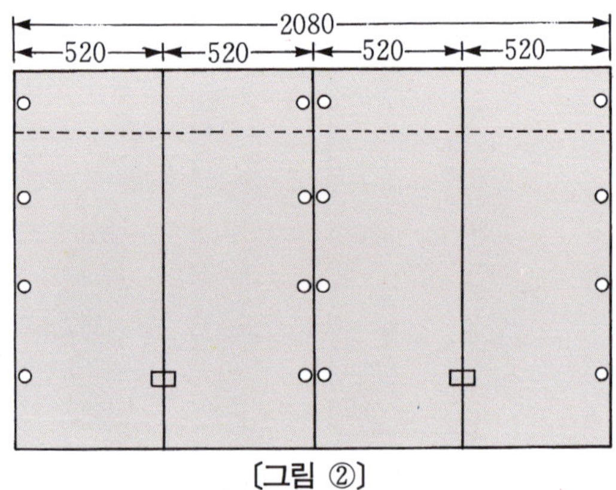

〔그림 ②〕

꼬리

〔그림 ③〕

※ 튼튼한 연을 만들기 위하여 도화지를 한지로 배접하는 것이 좋다.

⑫

용 연

이 용연은 전체 길이 6m 60cm의 큰 연이기 때문에 공중에 올리면 사람들이 환성을 지른다.

재 료

① 비닐(400×7000mm) - - - - - - - - - - - - - - 1
② 댓살(또는 막대)(5×5×600mm) - - - - - 2
③ 이쑤시개 - 1
④ 셀로판 테이프 - - - - - - - - - - - - - - - - - 1
⑤ 매직 잉크(빨강 · 파랑 · 검정) - - - - - - - 3
⑥ 실 - 1얼레

만드는 방법

1 시중에서 파는 두루마리 비닐(지물포에 많이 있으며 비닐 하우스용으로 이용되고 두 겹으로 되어 있음)을 7m 정도 구입하여 칼로 한 쪽을 자르면 두 배의 너비가 된다.

2 다음에 예시된 그림을 잘 보고 머리 부분을 신문지나 모조지에 실제 크기로 그려서 그것을 밑그림으로 하여 그 위에 비닐을 올려 놓고 4귀를 셀로판 테이프로 붙인 다음 그림을 본떠 낸다.

3 여러 개의 용연을 만들고자 할 때에는 그 위에 여러 겹을 올려 놓고 한 장 한 장 차례로 본떠 내면 된다.

4 머리 부분을 만들자면 먼저 댓살 2개를 양쪽으로 갈라 세로로 놓고, 그림과 같이 셀로판 테이프로 붙인다(여덟 군데).

5 몸체는 꼬리 부분으로 가면서 점차 가늘게 한다.

6 몸체의 양쪽 가장자리는 검정 매직으로 칠하고, 비늘 부분은 파랑 매직으로 칠한 다음, 그 안에는 노랑이나 빨강 매직으로 칠한다.

7 머리 부분은 밑그림에 따라 재미있게 색칠하여 완성한 다음, 양면에 이쑤시개(길이 : 1.8cm 정도)를 감아서 셀로판 테이프로 양면을 고정시키는데, 이 곳은 연줄을 다는 곳이 된다.

8 완성된 용연을 한 사람이 잡아주고 한 사람이 연줄을 끌어 올려 보아서, 한쪽으로 기울어지면 기울어지는 쪽의 연줄(목줄)을 겹치기로 다시 묶으면 바로 잡힌다.

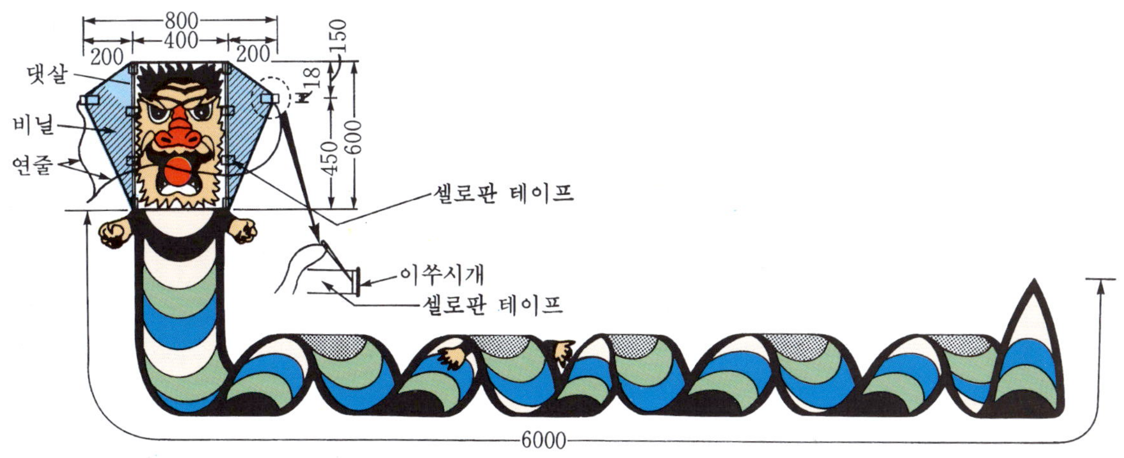

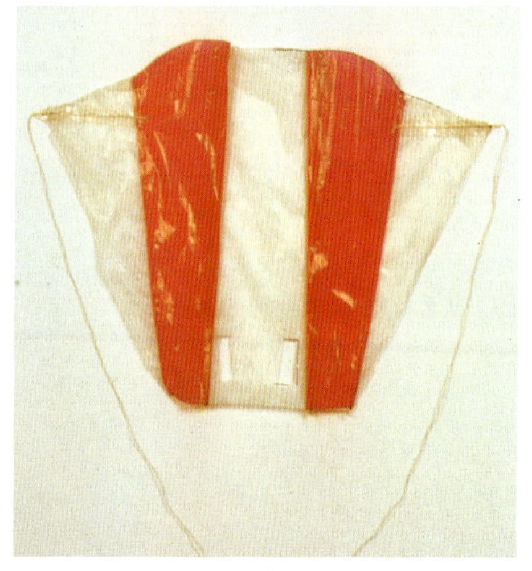

⑬

바람주머니연

(고세키 아키라 도움말)

이 연은 바람이 초속 2~3m에서도 잘 뜨고 댓살이 없으며 폐비닐을 이용해서 만든다. 그리고 옥상이나 골목에서 바람이 솔솔 불면 하늘 높이 올라간다.

재 료

① 비닐(300×300mm) - - - - - - - - - - - - - - 1
② 켄트지(290×205mm) - - - - - - - - - - - - - 1
③ 셀로판 테이프 - - - - - - - - - - - - - - - - 1
④ 실 - 1얼레

만드는 방법

1 아래의 〔그림 ①〕 마련그림을 보고 켄트지에 정확히 치수에 맞추어 그리고, 그 위에 비닐을 올려놓고 마름질하여 윗쪽 두 곳의 반달 모양도 오려낸다.

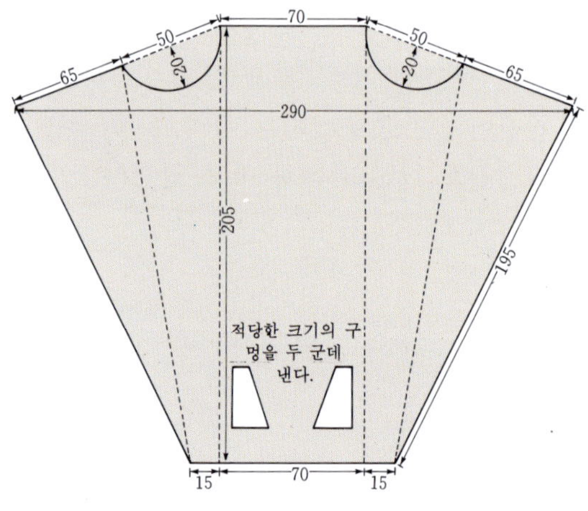

〔그림 ①〕

2 〔그림 ②〕와 똑같은 것을 두 개 만들어 한 개는 오른쪽에, 다른 한 개는 왼쪽에 〔그림 ③〕과 같이 빗금을 그은 자리에 풀이나 셀로판 테이프로 붙이면 바람 기둥이 된다. 그리고 중앙의 아래쪽에는 바람의 저항과 균형을 잡기 위해 적당한 크기의 구멍을 낸다.

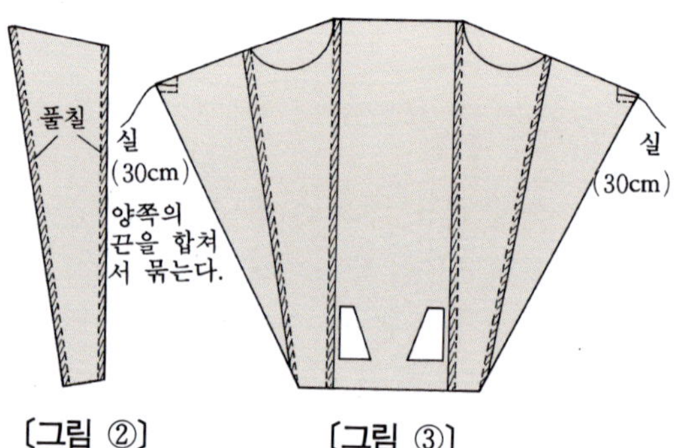

〔그림 ②〕 〔그림 ③〕

3 양 모서리에 연끈을 3cm 정도 길이로 놓은 다음 셀로판 테이프로 붙여 그 끝을 양쪽 길이가 똑같게 맞추어 약 20cm 길이로 묶어 목줄을 완성하면 〔그림 ④〕와 같은 연을 만들 수 있다.

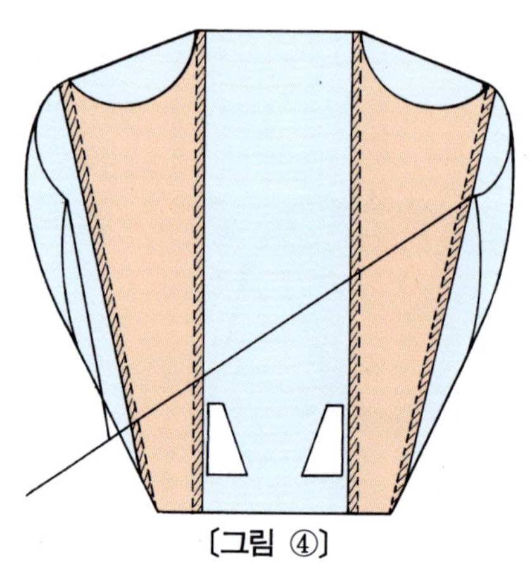

〔그림 ④〕

⑭

부엉이연

부엉이연 만들기가 어려울 것 같이 생각되지만 아주 쉽다. 부엉이가 날개를 펼친 모양을 한 〔보기〕 그림을 보아 가며 연을 만들어 보자.

재 료

① 도화지(286×206mm) ----------- 1
② 셀로판 테이프 ----------------- 1
③ 실 ----------------------- 1얼레

만드는 방법

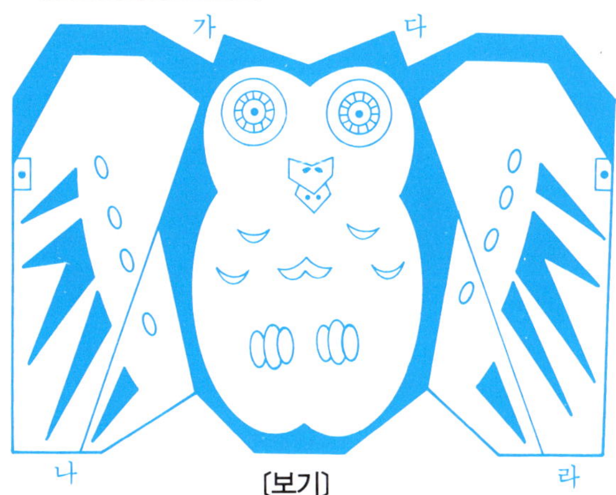

〔보기〕

1 〔그림 ①〕과 같이 도화지를 둘로 접어 ㄱ·ㄴ과 같이 만든다.

2 〔그림 ②〕와 같이 〔그림 ①〕의 점선에 따라 한 번 더 접어 〔보기〕 그림의 가·나와 다·라 날개 모양이 되도록 하고, 여기에 색연필과 같은 둥근 막대로 훑어 원통의 한 부분과 같이 둥글게 만든다.

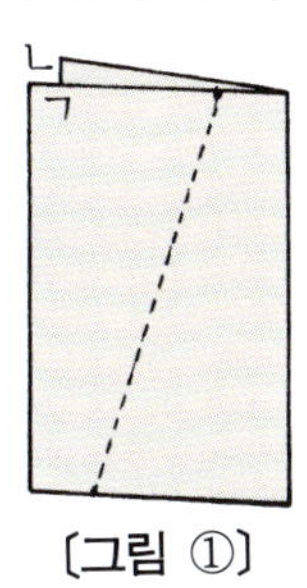

〔그림 ①〕

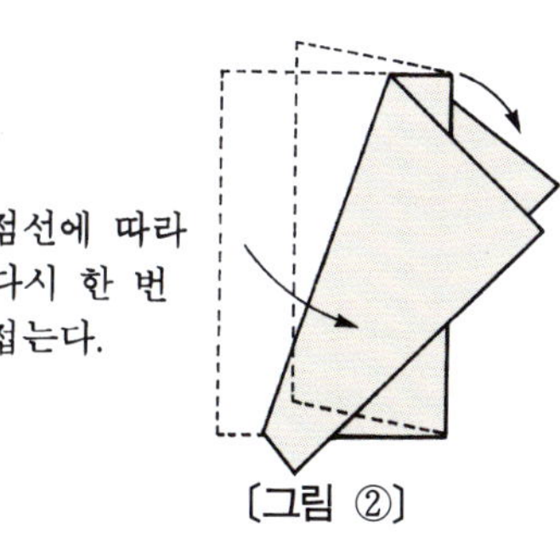

〔그림 ②〕

3 〔그림 ③〕과 같이 벌이줄을 맬 수 있도록 구멍 자리를 표시한다. 그 자리에 셀로판 테이프를 네모지게 끊어 붙인 뒤 송곳으로 구멍을 낸다.

4 〔그림 ④〕와 같이 빗금을 긋고 빗금을 그은 자리를 가위로 잘라 낸다.

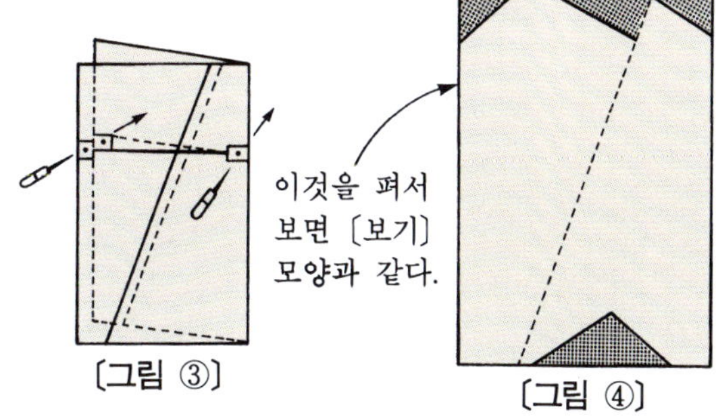

〔그림 ③〕 〔그림 ④〕

5 〔보기〕 그림과 같이 펴서 부엉이 그림을 그리고 색칠한다. 실을 매는 자리는 셀로판 테이프를 덧붙여 보강하는 것이 좋다.

6 〔그림 ⑤〕와 같이 길이 80cm의 벌이줄 3개를 매어 매듭을 짓는다.

7 연을 날려 보고, 만약 연이 잘 오르지 않고 빙빙 돌면 꼬리를 단다.

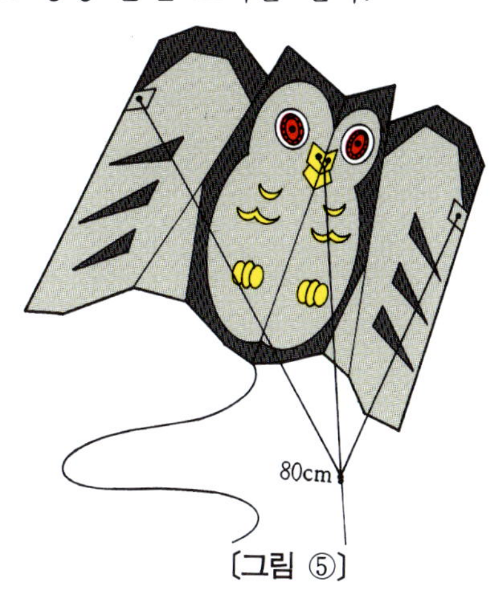

〔그림 ⑤〕

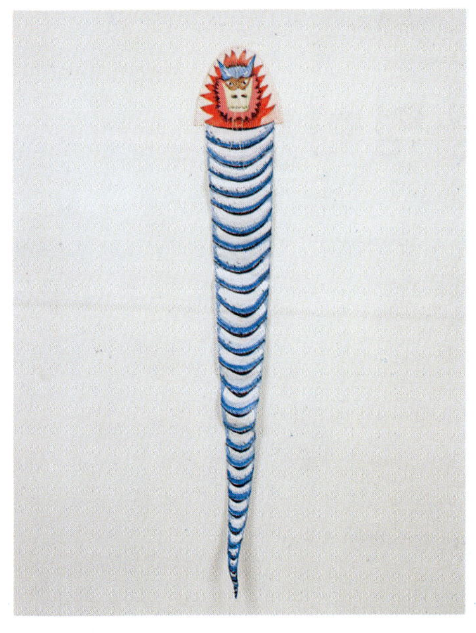

재 료

① 댓살(지름 2×1200mm) ------------ 1
② 댓살(지름 2×450mm) ------------ 2
③ 댓살(지름 2×370mm) ------------ 1
④ 한지(500×800mm) --------------- 5
⑤ 실 -------------------------- 1얼레

만드는 방법

1 긴댓살로 〔그림 ①〕과 같이 말굽형으로 만들고 그 안에 +자형으로 짧은 댓살을 묶어 뼈대를 만든다. 그리고 말굽형 댓살의 두 끝을 실로 팽팽하게 묶는다.

2 〔그림 ②〕와 같이 뼈대를 한지 위에 올려 놓고 1cm 정도 여유있게 한지를 마름질하여 그 위에 뼈대를 올려 놓는다. 그리고 여백 1cm 자리를 풀칠하여 댓살을 돌아가며 붙인 다음 댓살 보강을 위하여 댓살 전체를 넓은 테이프로 붙인다.

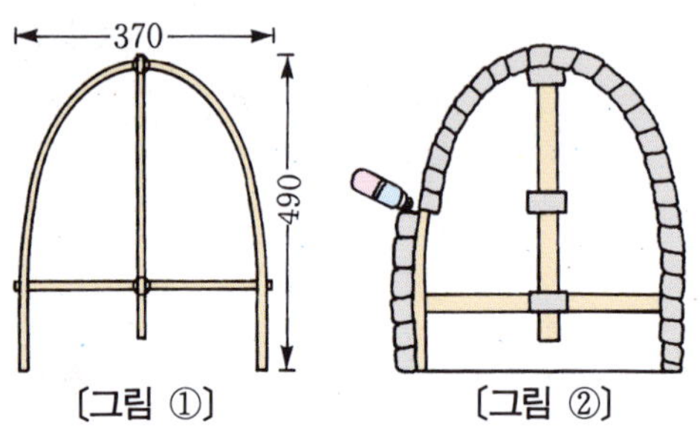

〔그림 ①〕 〔그림 ②〕

⑮ 용 연

(대만 사금감 도움말)

용연을 만드는 방법은 여러 가지가 있으나 이 용연은 재료가 간단하여 쉽게 만들 수 있다.

3 이렇게 만든 머리에 〔그림 ③〕의 꼬리 첫머리 빗금을 친 자리에 풀칠하여 붙인다.

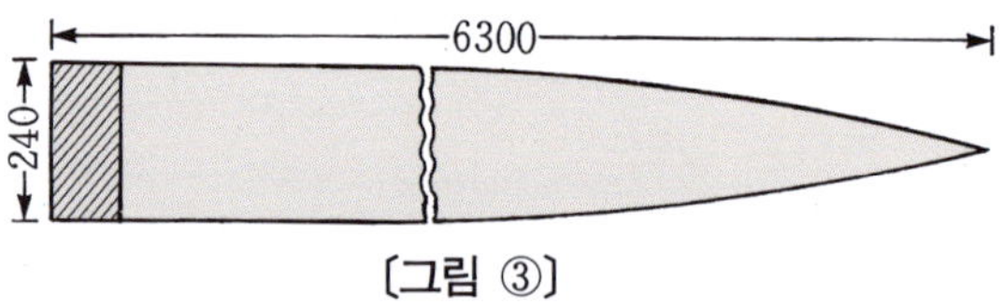

〔그림 ③〕

4 꼬리의 비늘을 색칠할 때는 반달형으로 칠하고 용머리의 색칠은 코와 뿔은 붉은 색으로, 머리 부분은 검정으로 선을 긋고 색칠하여 마무리한다.

5 목줄 두 자리를 매는 장소는 〔그림 ①〕의 ○표 자리 위치가 알맞으며 균형잡기는 날려보고 조절한다.

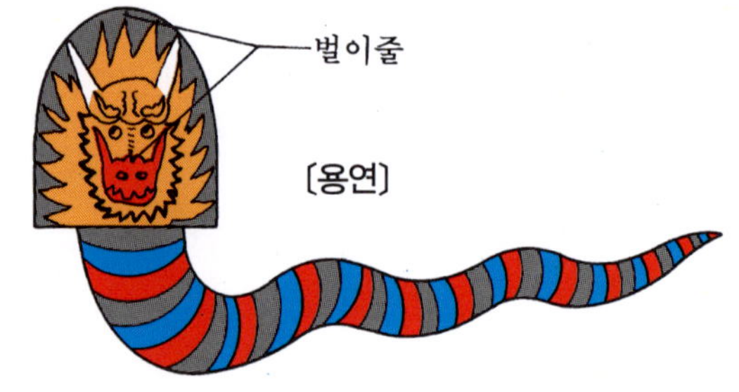

〔용연〕

팔각연

옛날에는 이 연을 액막이연이라 해서 송액영복(送厄迎福)이라고 연에 써서 정월 대보름날 날려 보내는 일이 있었다.

재 료

① 댓살(5×5×650mm) - - - - - - - - - - - - - - 8
② 댓살(5×5×900mm) - - - - - - - - - - - - - - 2
③ 한지(900×900mm) - - - - - - - - - - - - - - 1
④ 실 - 1얼레

만드는 방법

1 〔그림 ①〕과 같이 댓살 90cm짜리를 십자형으로 묶고 이것에 꼭 맞은 정사각형을 댓살로 두 개 만들어서, 하나는 십자형을 속에 넣어 〔그림 ②〕와 같이 꾸민다.

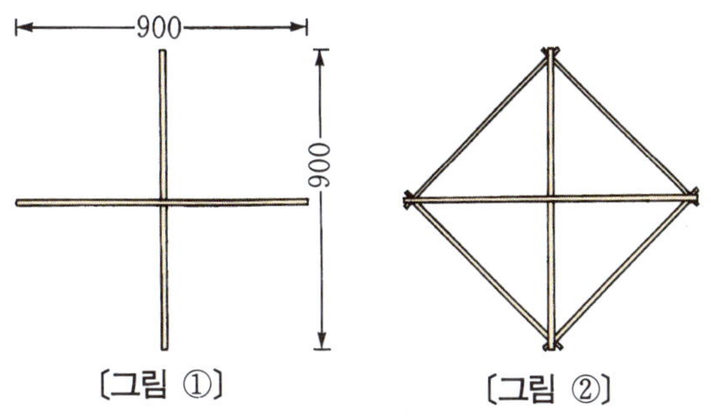

〔그림 ①〕 〔그림 ②〕

2 〔그림 ③〕과 같이 앞서 꾸민 정사각형 위에 나머지 정사각형을 놓고 겹쳐 꾸민다. ○표 중 위 두 개는 벌이줄 묶는 자리이고, 아래의 한 개는 꽁숫줄 매는 자리이다.

3 다 꾸몄으면 〔그림 ④〕와 같이 머릿살 양쪽 끝에 실을 매어 알맞은 반달형으로 휘면서 활벌이줄을 묶는다. 밑면은 매만져 약간 구부려야만 바람의 저항을 덜 받는다.

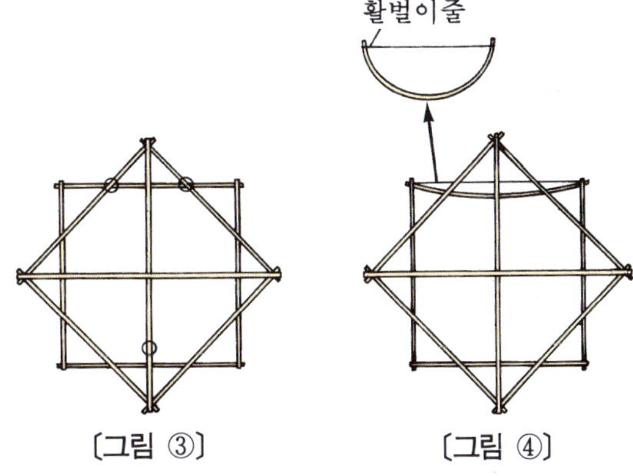

〔그림 ③〕 〔그림 ④〕

4 〔그림 ⑤〕는 댓살에 풀칠을 한 뒤 종이를 그 위에 놓고 붙이되 가장자리는 마름질하여 팽팽하고 보기 좋게 붙여 완성시킨다.

5 목줄 세 가닥을 〔그림 ⑥〕과 같이 묶어 중심잡이를 한다. 그리고 하늘에서 흰색은 잘 보이지 않으므로 하늘색 배경에 뚜렷하게 잘 보이도록 색칠하는 것이 좋다.

그리고 꼬리를 2~3m 길이로 달아 날린다.

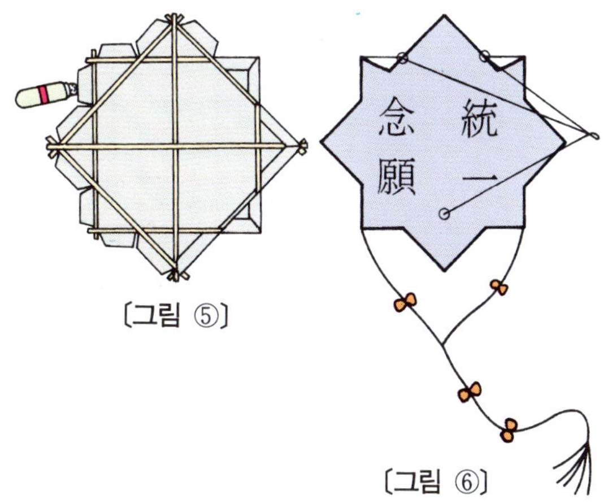

〔그림 ⑤〕 〔그림 ⑥〕

미니나비연

(대만 사금감 도움말)

이 연은 강당이나 운동장, 복도, 공원 등에서 날릴 수 있으며 만들기도 쉽고 재료도 간단하여 누구나 만들 수 있다.

재 료

① 한지(140×190mm) - - - - - - - - - - - - - - 1
② 한지(40×50mm) - - - - - - - - - - - - - - - 1
③ 메직 잉크 - - - - - - - - - - - - - - - - - - 1
④ 실(10m) - - - - - - - - - - - - - - - - - - - 1

만드는 방법

1 한지를 〔그림 ①〕과 같이 마름질하여 〔그림 ②〕와 같이 반으로 접고 〔그림 ③〕과 같이 밑면을 또 접는다.

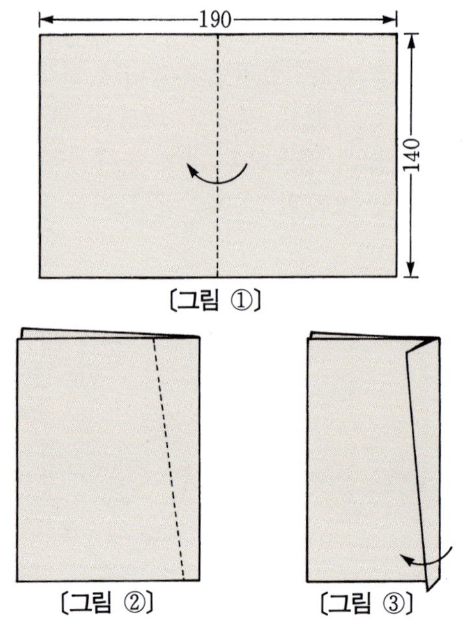

〔그림 ①〕 〔그림 ②〕 〔그림 ③〕

2 〔그림 ④〕와 같이 나비 모양을 그려 〔그림 ⑤〕와 같이 가위로 오려서 펼친다.

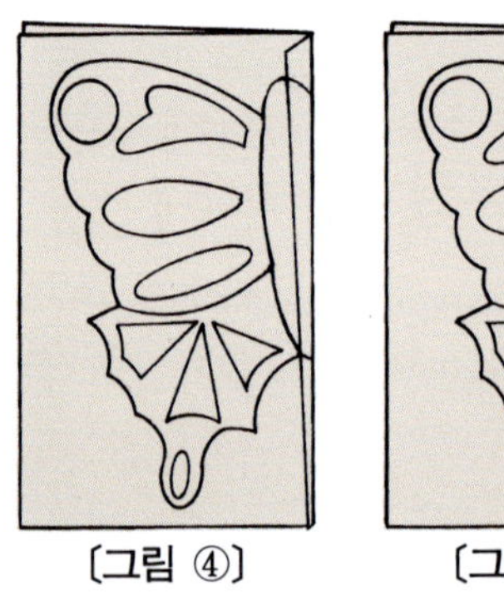

〔그림 ④〕 〔그림 ⑤〕

3 뒤집어서 〔그림 ⑥〕과 같이 점선에 따라 몸체를 그리고 〔그림 ⑦〕과 같이 꺾어 접는다.

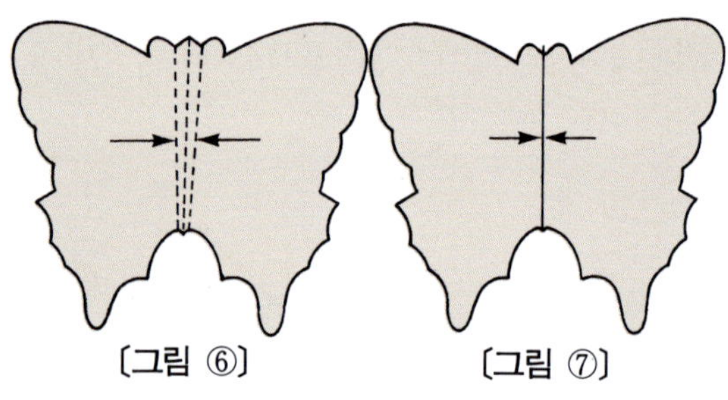

〔그림 ⑥〕 〔그림 ⑦〕

4 다음은 다른 한지를 〔그림 ⑧〕과 같은 치

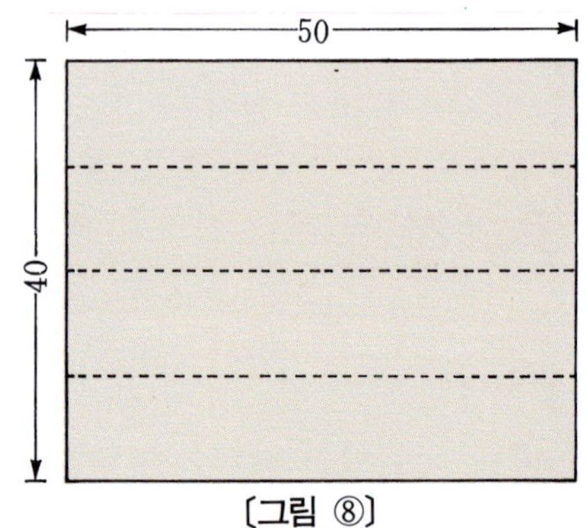

〔그림 ⑧〕

수로 준비하여 점선에 따라 〔그림 ⑨〕의 ㉠과 같이 접고 다시 ㉡과 같이 접는다.

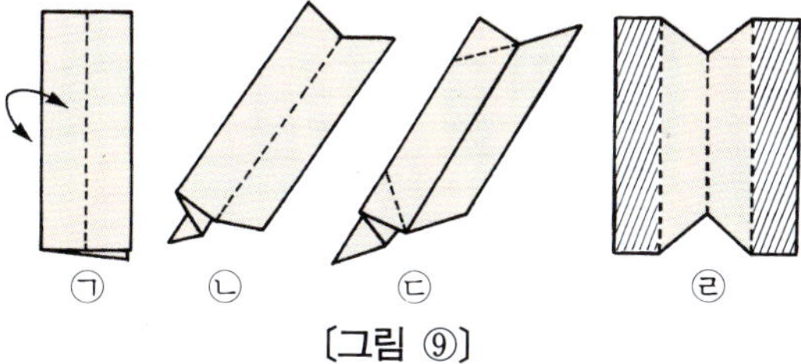

〔그림 ⑨〕

5 ㉢과 같이 점선에 따라 자르고 펴면 그림 ㉣과 같이 만들어지는데, 빗금자리에 풀칠한 다음 〔그림 ⑩〕과 같이 나비의 뒷면에 붙이면 약간 몸체가 부풀어진다.

6 〔그림 ⑪〕과 같이 몸체 윗쪽에 연실을 매어 날리는데, 이 때 나비 몸체에 그림을 그리고 색칠을 예쁘게 해서 날리면 더욱 운치있어 보인다.

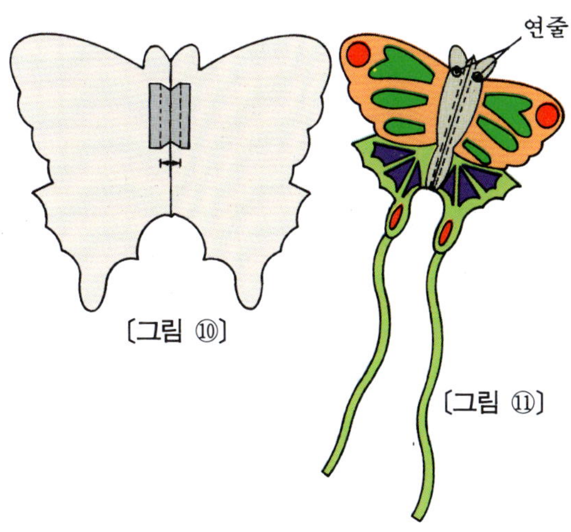

〔그림 ⑩〕

〔그림 ⑪〕

〔여러 가지 나비연〕

〔나비연－중국〕

〔나비연－중국〕

〔나비연－캐나다〕

〔미니 나비연－유재혁〕

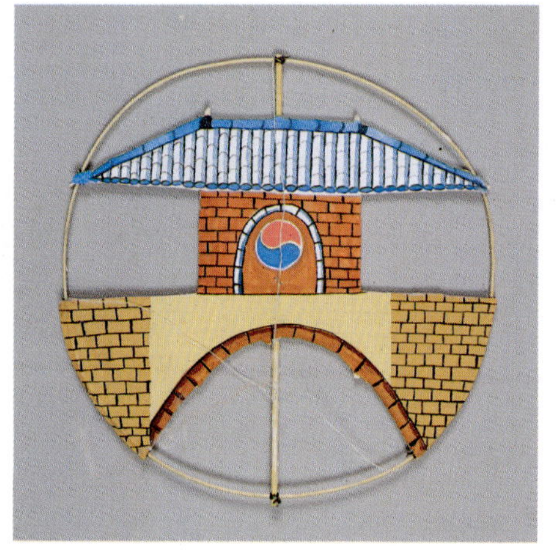

⑱

성문연

남대문(숭례문), 동대문, 대서문, 팔달문, 풍남문 등은 모두 성문이다. 이런 성문연을 만들어 하늘 높이 올려 보자.

재 료

① 댓살(5×5×830mm) - - - - - - - - - - - - - - 4
② 댓살(5×5×2650mm) - - - - - - - - - - - - - 1
③ 댓살(5×5×500mm) - - - - - - - - - - - - - - 2
④ 댓살(5×5×650mm) - - - - - - - - - - - - - - 1
⑤ 댓살(5×5×450mm) - - - - - - - - - - - - - - 1
⑥ 한지(830×830mm) - - - - - - - - - - - - - - 1
⑦ 실 - 1얼레

만드는 방법

1 〔그림 ①〕과 같이 댓살을 둥굴게 꾸며서 묶는데 지름이 83cm가 되게 한다. 이 작업이 끝나면 〔그림 ②〕와 같이 가로대와 세로대를 꾸민다.

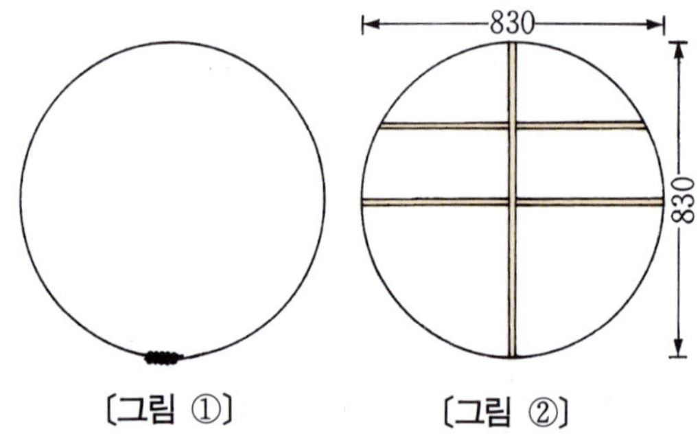

〔그림 ①〕 〔그림 ②〕

2 〔그림 ③〕과 같이 세로대에서 30cm 간격으로 좌우로 두 개를 더 꾸미고, 가는 댓살로 원형을 만들어 그 속에 넣고 꾸민다.

3 〔그림 ④〕와 같이 성문 지붕선과 아래의 성곽 아치선을 댓살로 꾸민다.

4 〔그림 ⑤〕를 잘 보고 종이를 잘게 나누어 붙이는데 세심하게 살펴보아야 한다. 굵은 선(성문의 윤곽선)만 붙이고 나머지는 공간이다. 특히 어느 쪽으로 붙여 나가는 것이 효과적인가를 살펴본다.

5 〔그림 ⑤〕에서 ○ 표가 있는 곳이 연실을 묶는 자리인데 아래 두 줄의 길이는 머릿줄(벌이줄)과 함께 1.5m 길이로 하여 끈을 조정한다.

6 가운데 둥근 자리는 태극을 그리고 지붕은 기와 지붕 모습을 그려서 날려야 공중에서도 눈에 잘 띈다.

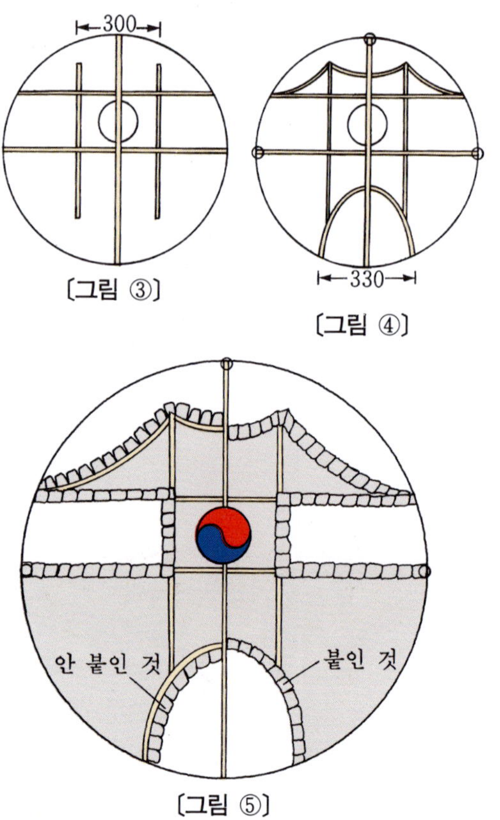

〔그림 ③〕 〔그림 ④〕

〔그림 ⑤〕

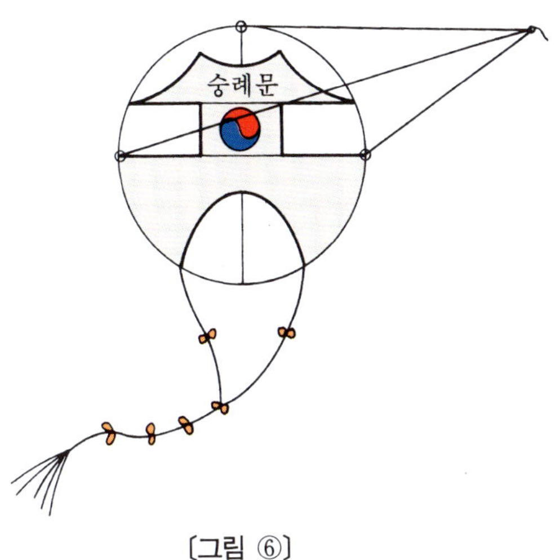

〔그림 ⑥〕

(남대문연－홍영한)

⑲

긴꼬리연

(고세키 아키라 도움말)

머리쪽은 작으나 꼬리가 길다. 이 꼬리가 하늘에 올라가 기어가는 뱀 모양으로 구불거려서 재미있다.

이 연을 날리는 모습은 인도네시아, 타이, 캄보디아 등 동남아시아에서 흔히 볼 수 있다.

재 료

① 댓살(지름 1.5×750mm) ----------- 1
② 댓살(지름 1.5×420mm) ----------- 1
③ 댓살(지름 1.5×250mm) ----------- 1
④ 한지(450×680mm) --------------- 2
⑤ 한지(120×300mm) --------------- 2
⑥ 실 ------------------------ 1얼레

만드는 방법

1 세로 45cm, 가로 68cm의 한지에 〔그림 ①〕과 같이 마련그림을 그려 1.5cm의 풀칠 자리를 남기고 잘라 낸다. 윗부분의 곡선은 가위로 조심하여 갈라 낸다.

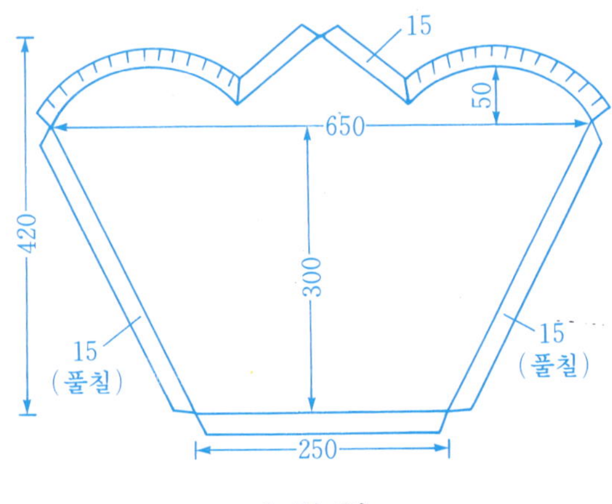

〔그림 ①〕

2 〔그림 ②〕를 잘 보고 좌우의 풀칠 자리의 안에 연실을 넣어 풀칠을 하여 꺾어 접어 붙인다.

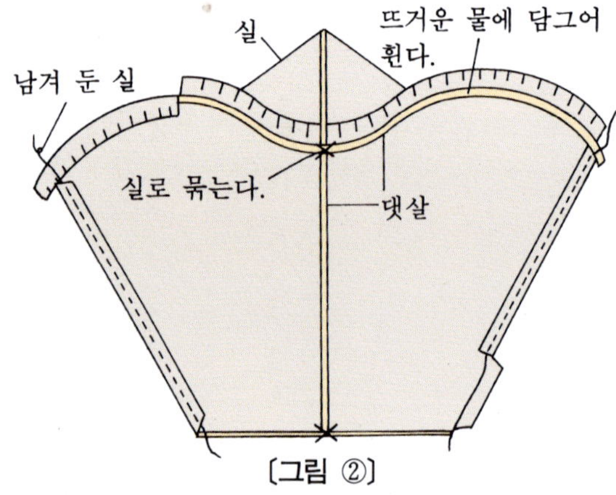

〔그림 ②〕

3 위에 있는 댓살은 열을 가하여 파도형으로 양쪽이 대칭되게 꾸민다.

먼저 마름질한 종이를 세로 댓살에 붙이고 다음은 밑 부분의 댓살에 붙인 다음 마지막에 곡선형 가로 댓살에 붙인다.

4 댓살을 묶은 나머지 실은 잘라 낸다.

5 〔그림 ③〕과 같이 큰 종이에 꼬리 마련그림을 그리는데 처음은 폭 25cm로 잡고 점점

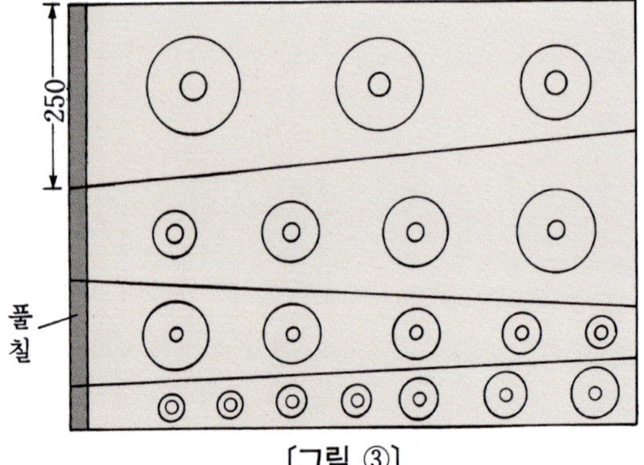

〔그림 ③〕

좁게 잡아 네 개를 마련한다. 여기에 무늬를 그리고 색칠을 한 다음 잘라 서로 이어 길게 만들어서 머리밑 부분에 붙인다.

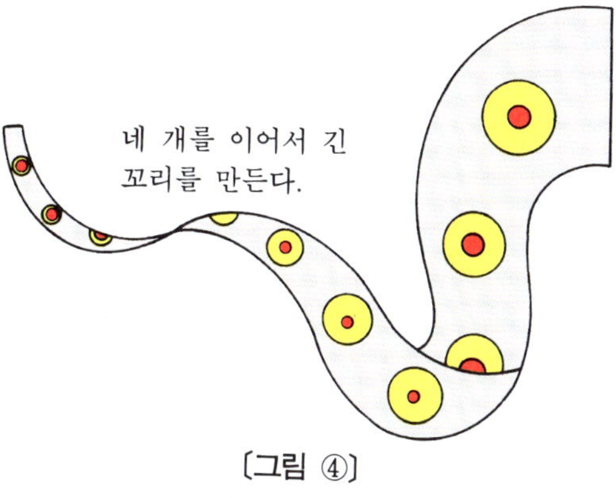

〔그림 ④〕

6 〔그림 ⑤〕와 같이 폭 12cm가 되는 종이를 반으로 접어서 가위로 2.5cm 간격으로 잘라서 갈기를 만들어 머리 양쪽에 붙인다.

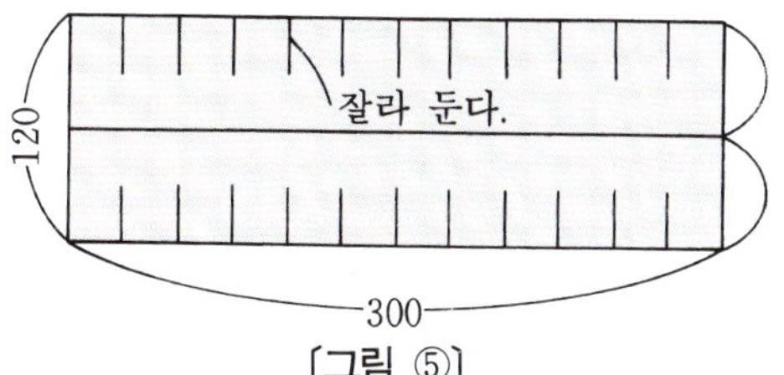

〔그림 ⑤〕

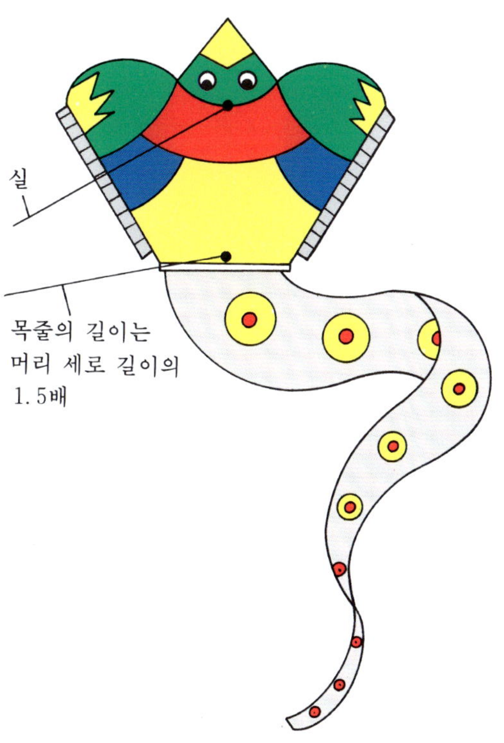

〔그림 ⑥〕

7 목줄을 매는 위치는 위의 것은 머리 길이 3분의 1 지점이고, 아래의 것은 목댓살과 중심 댓살이 교차하는 지점이 된다. 그리고 그 길이는 머리 길이의 1.5배로 하면 된다.

베트남

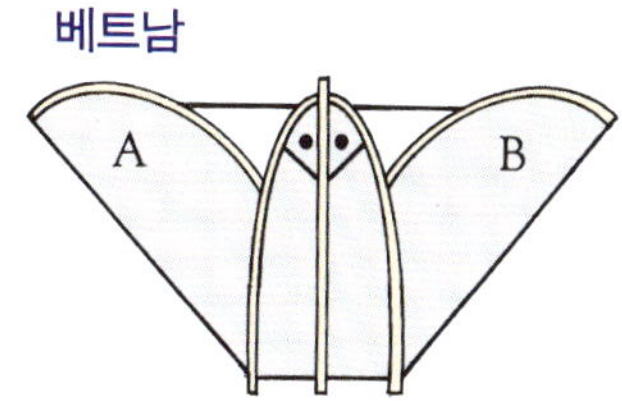

· 굵은 선은 댓살
· A, B는 종이 또는 천

브라질

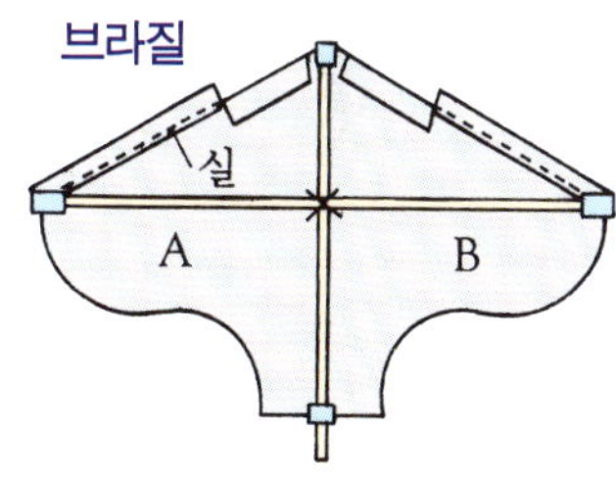

· 양 끝 네 군데 끝은 셀로판 테이프로 붙인다.
A, B는 종이 또는 천
· 굵은 선은 댓살

중국

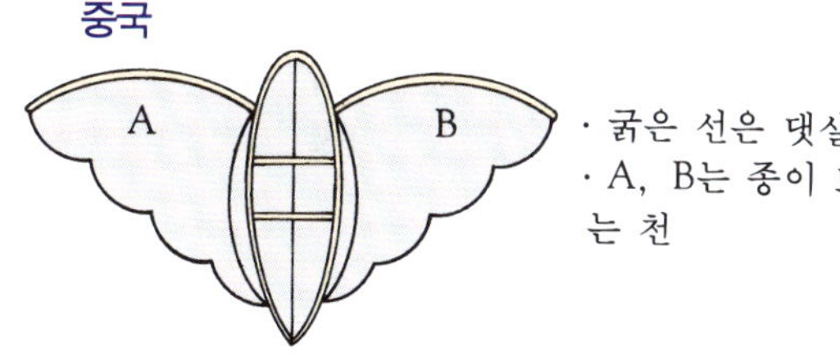

· 굵은 선은 댓살
· A, B는 종이 또는 천

이것은 꼬리가 없어도 잘 난다.

다면입체상자연

(고세키 아키라 도움말)

세계 각 나라가 국제 대회에서 이런 종류의 연을 피라미드식으로 10개 또는 20개로 짜맞추어 5m~10m가 되는 높이의 다면입체상자연을 날리고 있다. 가지 각색의 상자연에 색칠하여 올리면 푸른 하늘에 장관을 이룬다

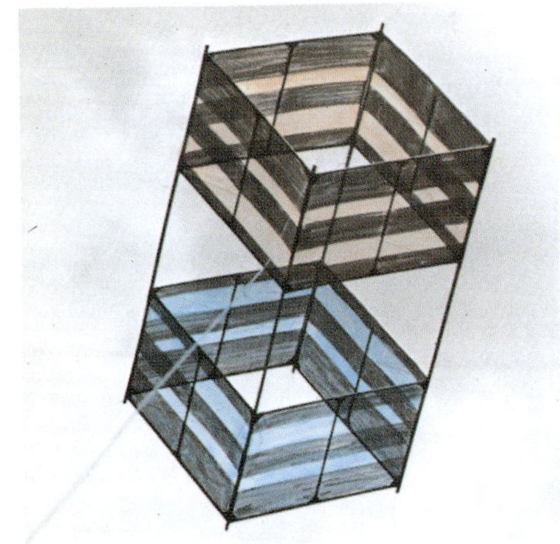

재료

① 한지(550×380mm) ---------- 8
② 나무 막대(4×4×900mm) ---------- 8
③ 나무 막대(4×4×450mm) ---------- 16
④ 나무 막대(4×4×272mm) ---------- 8
⑤ 캔트지(360×120mm) ---------- 1
⑥ 고무 밴드 ---------- 8
⑦ 실 ---------- 1얼레

만드는 방법

1 치수도는 〔그림 ①〕과 같다.

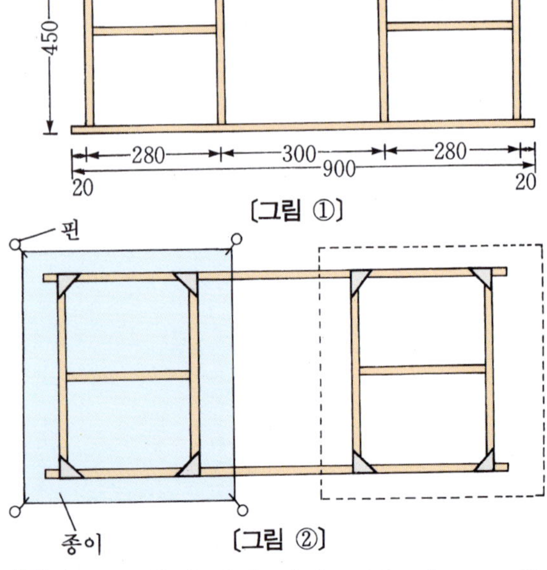

〔그림 ①〕

〔그림 ②〕

2 〔그림 ②〕와 같이 한지 2장을 깔고 그 위에 긴막대 2개를 놓는다. 그 사이에 중간 길이의 막대를 직각으로 4개 놓고 중간 막대 사이 두 군데에는 가장 짧은 막대를 놓는다.

3 막대의 이음매마다 본드로 붙이고 〔그림 ②〕와 같이 세모꼴 켄트지로 두 막대를 걸쳐 붙여 보강한다. 막대와 한지가 닿은 부분에는 풀칠하여 붙이는데 풀이 마른 다음에는 막대 밖으로 나온 한지는 잘라 낸다.

4 위와 같이 4판을 만들고 〔그림 ③〕과 같이 꾸미는데 두 판을 서로 직각이 되게 놓고 아래위 막대 끝을 고무 밴드로 묶는다(묶는 방법은 먼저 한 개의 막대에 고무 밴드를 걸고 두 막대를 바르게 꼭 잡은 뒤 고무 밴드를 늘여가며 여러 번 감는다〔그림 ④〕,

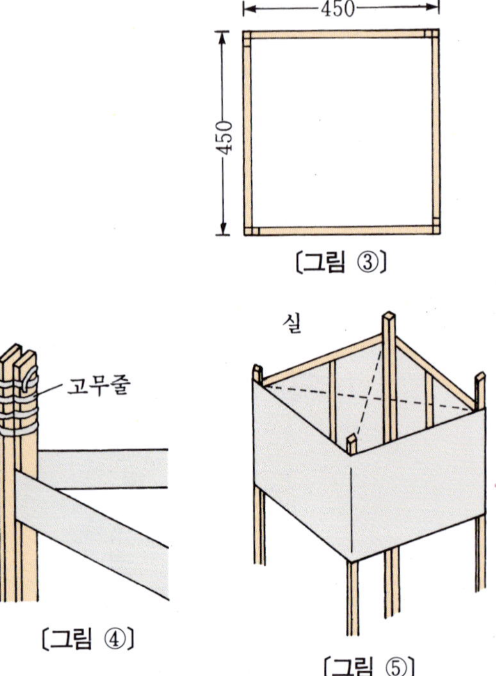

〔그림 ③〕

〔그림 ④〕

〔그림 ⑤〕